Seibert/Stiebler · Skitouren

Seibert / Stiebler

SKITOUREN

Dreiundzwanzig Durchquerungen
mit rassigen
Tiefschneeabfahrten

Verlag J. Berg · München

Vielen Dank den nachstehend genannten Fotografen für ihre Mitarbeit und die freundliche Genehmigung zur Veröffentlichung ihrer Bilder.

Peter Bernhaupt 55; Sepp Brandl 73; Rolf Bucher 19; Gerhard Dierza 50/51, 83, 91, 125; Siegfried Garnweidner 59, 71; Lisa Gensetter 30, 42/43, 108, 111; Fritz Heimhuber 11, 14/15, 21; Max F. Heldwein 66/67; Walter Hellberg 118, 119; Peter Keill 32, 33, 60, 70, 89; Rainer Köfferlein 6/7, 8/9, 23, 25, 62/63, 69, 84, 102, 104; Reinhold Leitner 37, 100; Rudi Lindner 101, 115, 122/123, 126/127; Reinhold Obster 38/39, 57, 99, 113; Otto Pfuner 92/93; Egon Pracht 28/29; Klaus Puntschuh 109; Marco Schneiders 107; Dieter Seibert 12, 13, 16/17, 17, 17, 20, 27, 45, 56, 65, 78, 81; Hans Steinbichler 75; Hans Wagner 49, 52, 87, 95, 97, 116, 121; Franz Zengerle 46/47; Herbert Ziegenhardt 40.

Dieses Buch ist mit aller Sorgfalt geschrieben, illustriert und zusammengestellt worden. Dennoch müssen alle Angaben ohne Gewähr erfolgen, weil zwischenzeitliche Änderungen nicht auszuschließen sind. Weder den Autoren noch dem Verlag ist es deshalb möglich, für daraus resultierende Nachteile oder Schäden eine Haftung irgendwelcher Art zu übernehmen. Hierfür bitten wir ganz herzlich um Ihr Verständnis.

2. Auflage 1990
© 1985 by Verlag J. Berg, München
ISBN 3-7634-0540-2
Printed in Germany

Inhaltsverzeichnis

- **6** Vorwort
- **8** Tips und Hinweise
- **128** Stichwortverzeichnis

Weites Allgäuer Skiland	10	Neun Tage durch die nördlichen Allgäuer Alpen
Allgäuer Hauptkamm	18	Zwischen Rappensee und Großem Krottenkopf
Die Große Reibe	22	Durch Hagengebirge und Steinernes Meer
Samnaun–Silvretta–Rätikon	26	Eine Idealtour ohne ernste Probleme
Die Forno-Albigna-Runde	34	Zwischen den Granitgipfeln des Bergells
Rund um den Piz Bernina	36	Im Bereich der höchsten Ostalpenberge
Durch die Albulaberge	41	Unbekanntes Skiland im Engadin
Hochalpine Ortlertage	48	Große Touren zwischen Sulden und Fornobecken
Die klassische Ötztaler Runde	53	Skitouren in großer Gletscherlandschaft
Durch die Sellrainberge	58	Fünf Tage im Nordstubai
Vom Zuckerhütl zur Ruderhofspitze	64	Große Tiefschneeabfahrten im Hochstubai
Tuxer Rundtour	68	Sieben Gipfel in fünf Tagen
Kitzbüheler Haute Route	74	Im südlichsten und höchsten Bereich des Gebirges
Die nördlichen Kitzbüheler	80	Wenig Aufstieg und sehr viel Abfahrt
Rund um den Großglockner	85	Die eindrucksvollste Tour der Hohen Tauern
Der Venediger und seine Trabanten	88	Drei Tage in großer Gletscherlandschaft
Rund um den Ankogel	94	Einsame Tage in den östlichen Hohen Tauern
Dolomiten-Skihochroute	98	In sechs Tagen von der Pala nach Sexten
Haute Route Tessin	105	Vom Gletschereis zu den Weinbergen
Die Graubündener Skiroute	106	Viel Abfahrt bei wenig Aufstieg
Südliche Aostaberge	110	Zwischen Gran Paradiso und Rutor
Die zentralen Berner Alpen	112	Im Reich der großen Eisberge
Haute Route	117	Von Argentière nach Saas Fee – die Tour der Touren

Liebe Bergfreunde!

Skitouren sollen Vergnügen, Erlebnis und Erholung bringen für sportliche Menschen von heute, die aus der Zivilisation hinaus wollen in die Natur. Für Menschen, die Mühen auf sich nehmen, weite Anfahrten, anstrengende Aufstiege, die den Komfort der bequemen Wohnung gegen ein paar Tage auf Hütten, gegen Märsche und Abfahrten bei Schneetreiben und über Gletscher tauschen. Für Menschen, die Gefahren auf sich nehmen durch Wetter und Lawinen oder Probleme mit der Ausrüstung. Und wenn ihnen kopfschüttelnde Normalverbraucher die Frage nach dem Warum stellen, wissen sie keine befriedigende Anwort.

Skitourengehen wird ein Abenteuer bleiben, das rational nicht begründet werden kann. Aber es muß ein Abenteuer bleiben, das die Gefahren auf ein Minimum reduziert und großartige, bleibende Eindrücke gibt. Deshalb unser Rat: Überfordern Sie sich nicht! Wählen Sie Ihre Touren nach Ihren persönlichen Voraussetzungen, nach Können und Kondition; suchen Sie für Ihre Pulverschnee-Februar-Wochenenden oder Firnabfahrten im Mai lieber Touren aus, die einfacher und kürzer sind. Nehmen Sie diese lieber eine Nummer kleiner, damit Sie daran noch Spaß und Erholung finden. Unter den hier vorgestellten 23 Durchque-

rungen gibt es einfache, mittelschwere und anspruchsvolle. Der Maßstab kann nicht für alle gleichermaßen gelten, denn was dem einen noch Spielerei ist, bedeutet für den anderen, weniger Erfahrenen, bereits höchste Anstrengung. Nur wenn die eigene Kraft bei der Tourenwahl richtig eingeschätzt wird, kann gelten, was Fridtjof Nansen vor 100 Jahren gesagt hat, daß das Skifahren die Königin aller Sportarten ist.

Mit dem Norweger Nansen haben die Skitouren begonnen, als er 1888 Grönland durchquerte und darüber schrieb. 1897 hat der Sachse Wilhelm Paulcke die Berner

Alpen auf Skiern durchquert, 1907 begann der Schweizer Marcel Kurz die Walliser Viertausender mit Skiern zu besteigen. In den zwanziger Jahren begingen unsere Großväter erstmals die Walliser Haute Route, heute sind es Zehntausende, die Jahr für Jahr die Skigipfel zwischen Chamonix und Dachstein besteigen, und nach Schätzungen wird sich die Zahl bis 1990 verdoppeln. Sollen wir nun darüber froh oder traurig sein? Wie wir auch zu dieser Entwicklung stehen, wir wollen hoffen, sie in vernünftige Bahnen zu lenken, den Blick für die Gefahren dieses Sports zu schärfen und Vorschläge auch für diejenigen zu bringen, die nicht zu dem kleinen Kreis der Spezialisten und Extremen gehören. So sehen wir die Aufgabe dieses Buches.

München, im Juni 1985

Dieter Seibert

Christoph Hinkes

Vordere Jamspitze vom Jamtalferner (Silvretta)

Voraussetzungen

Das Besondere dieses Buches ist seine Spannweite zwischen einfachen Fahrten und sehr hochalpin-anspruchsvollen. Für eine Tour wie die Durchquerung der nördlichen Kitzbüheler Alpen reichen die üblichen alpinen Grundkenntnise für das winterliche Hochgebirge. Vor allem muß man abzuschätzen verstehen, ob man die jeweilige Etappe bei den herrschenden Lawinen- und Wetterverhältnissen mit gutem Gewissen durchführen kann. Bei den einfachen Fahrten sind ja die Lawinen und das Verirren die größten Gefahren. Wagt man sich an Anspruchsvolleres, dann muß man natürlich ungleich mehr beherrschen – wie Gletscherbegehungen und Spaltenbergung, den Umgang mit Seil, Pickel und Steigeisen, das Befahren sehr steilen Geländes...

Gesamtgehzeit

Wir sind uns bewußt, wie problematisch eine derartige Angabe ist. Was kann nicht alles diese Zeit beeinflussen! Ein paar Beispiele: Schneebeschaffenheit, Schneetiefe, das Fehlen einer Spur, Rucksackgewicht, Kondition, Können bei der Abfahrt, das Gehen im Steilgelände... Unsere Stundenzahl kann also nur eine ganz allgemeine Richtschnur sein!

Hütten

Nur wenige Hütten, fast ausschließlich in den niedrigen Gebieten der Alpen, sind während der gesamten Skitourenzeit bewirtschaftet. Mancher Stützpunkt in der Gletscherregion öffnet erst im März oder gar nur für zwei Wochen um Ostern. Wir haben zwar Angaben zu den Bewirtschaftungszeiten gebracht, es wäre jedoch sehr vernünftig – vor allem dann, wenn man zu etwas ausgefalleneren Zeiten unterwegs ist – sich vorher noch einmal genau zu erkundigen. Zuverlässige Angaben erhält man in den Alpinen Auskunftsstellen der Alpenvereine in München, Innsbruck und Wien oder in den Talorten zum Beispiel bei den Bergführern. Viele Hütten bieten für die Zeit der Nichtbewirtschaftung Winterräume zum übernachten – das trifft jedoch nicht für alle zu, zudem sind einige dieser Räume unversperrt, während man für andere einen sogenannten AV-Schlüssel braucht. Also auch in diesem Fall empfehlen sich Erkundigungen!

Führer und Karten

Die immer größere Zahl von Tiefschneefreunden sorgt dafür, daß sehr viele Touren gespurt sind, was natürlich das Zurechtfinden ungemein vereinfacht. Das birgt aber auch eine große Gefahr in sich; mancher verläßt sich dann allzu sehr auf diese Spuren (und auf die anderen, zufällig anwesenden Bergsteiger) und wagt sich an Ziele, denen er eigentlich nicht gewachsen ist. Doch früher oder später ist jeder einmal auf sich selbst angewiesen und muß dann zeigen, ob er mit der Situation fertig wird oder nicht. Gefährlich ist dies vor allem bei der Orientierung. Aufkommender Wind kann in wenigen Minuten die vorher so deutliche Spur auslöschen, und dann muß man sich selbst nach der Karte, unserer Beschreibung und den Geländeformen zurechtfinden. Eine echte Orientierung nach der Karte aber ist nur bei entsprechend exakten Blättern und bei perfektem Können im Kartenlesen – das nur allzu vielen fehlt! – möglich. Empfehlen kann man die amtlichen Kartenwerke in Deutschland, Österreich und der Schweiz in den Maßstäben 1:50000 und 1:25000 und die Karten des Alpenvereins. Außerdem: eine gute Sommerkarte nützt mehr als eine ungenaue Skikarte, zumal die Skirouten in sehr vielen Fällen recht oberflächlich eingetragen sind.

Westfalenhaus und Grubenwand in den Sellrainer Bergen

Kondition

Eine gute Kondition gehört zu fast allen hier beschriebenen Touren, auch dann, wenn die einzelne Tagesetappe nicht allzu weit ist. Man denke zum Beispiel daran, daß der Rucksack im Winter und zudem bei Durchquerungen rasch doppelt so schwer werden kann, und daß die Anstrengungen durch ungünstigen Schnee ganz rapide steigen. Die Kraft darf schließlich nicht nur für den Idealfall reichen, nein, es sollten sogar bei schlechten Bedingungen immer noch ein paar Reserven für den Notfall bleiben.

Vernunft

Die Gefahren sind bei Übergängen wesentlich größer als bei Touren mit Aufstieg und Abfahrt auf gleicher Route. Hier wird ein vorausschauendes Planen besonders wichtig. Wer etwa bei der Großen Reibe auf den endlos weiten Karstflächen des Hagengebirges zwischen den Kragenköpfen und dem Wildalmriedel die Route verliert, weil der Nebel die Umgebung verschluckt hat, und der Wind die Spuren verblies, der sitzt in einer fast perfekten Falle. Aus ihr gibt es kaum ein Entrinnen! Mancher stand auch schon zur Mittagszeit über einem inzwischen tief aufgeweichten und damit lawinengefährlichen Steilhang. Die südseitige Stufe am Stockji bei der Haute Route ist ein Beispiel dafür. Was tun? Dann wird manches gewagt, was sich mit der Sicherheit nicht mehr vereinbaren läßt. Man braucht also oft viel Vernunft und Selbstdisziplin, um am Morgen die richtige Entscheidung zu treffen und lieber zu verzichten als zu wagen, oder wenigstens unterwegs **rechtzeitig** umzukehren.

Weites Allgäuer Skiland

Im meist makellos weißen Skirevier des Obertales mit Blick auf den Schochen und seine steilen Nordhänge.

Neun Tage durch die nördlichen Allgäuer Alpen

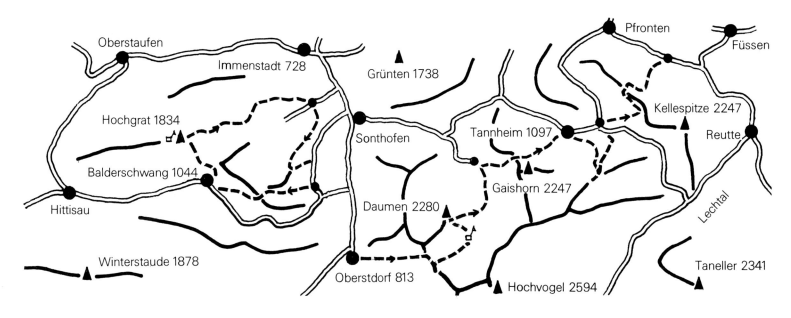

Durchquerung der Allgäuer Alpen – nie gehört? Das ist kein Wunder, denn die Tour wird erst mit diesem Beitrag aus der Taufe gehoben und der Öffentlichkeit vorgestellt. Dabei bieten die Allgäuer von allen Gebieten der Nördlichen Kalkalpen – und zwar mit Abstand – die meisten Möglichkeiten. Da gibt es Touren aller Schattierungen von wirklich sanften Voralpenabfahrten etwa im Hörnergebiet bis hin zu stolzen und reichlich anspruchsvollen Winterzielen wie dem Hochvogel. Doch Einheimische finden selten Spaß an Durchquerungen, sie ziehen die Tagestouren vor, und die Gebietsfremden wissen über die Möglichkeiten nicht Bescheid. So muß eine derartige Bergfahrt erst einmal ge- und erfunden werden – was hiermit nachgeholt sei. Sie füllt gewissermaßen eine Marktlücke. Man kann sie früher im Jahr anpacken als fast alle anderen Touren des Buches, und sie eignet sich vorzüglich, um mit dem Metier vertraut zu werden. Von zwei Tagen abgesehen werden einige Anforderungen an das bergsteigerische Können gestellt, denn das sehr steile, für das Allgäu so typische Grasgelände erfordert einen sicheren Schnee und einen standfesten Fahrer. Doch diese Durchquerung wird nie richtig dramatisch, man kann sie zudem an jedem Abend mühelos abbrechen oder auch die anspruchsvollsten Abschnitte wie die Überschreitung der Nagelfluhkette und die Obertalrunde einfach weglassen, falls die Verhältnisse ungünstig sind oder man sich der Sache nicht gewachsen fühlt. Ein bunter Strauß der verschiedenartigsten Abfahrten, jeden Tag zumindest einen Gipfel, insgesamt kommt man auf nicht weniger als sechzehn, scharfgeschnittene Felsberge als Panorama, spannende und erlebnisreiche Tage und gemütliche, recht bequeme Abende – die Durchquerung der nördlichen Allgäuer Alpen ist so recht eine Tour für den Genießer. —ds—

Zeitbedarf	4 Tage für die Westschleife und 5 Tage für den Ostteil.
Abfahrtshöhe	Insgesamt 10 660 Hm.
Anreise	Der Ausgangsort Bolsterlang (892 m) liegt auf einer Terrasse westlich über dem Illertal, gute Zufahrtsstraße von Fischen bei Oberstdorf.
Rückreise	Bahnfahrt von Vils über Kempten (umsteigen) zurück nach Oberstdorf.
Übernachtungen	Drei Nächtigungen in bewirtschafteten Hütten, sonst ist man auf Quartiere im Tal angewiesen.
Anforderungen	Man sollte sich durch die geringe Höhe der Berge nicht täuschen lassen. Man ist immer wieder in dem typischen Grasgelände unterwegs, das für Steilgelände, scharf eingeschnittene Bachläufe und Lawinengefahr sorgt. Manche Passage ist auch rassig und steil.
Hinweise	Bei nicht zu geringer Schneelage dürfte der März die beste Zeit sein, denn Firn bietet eher sichere Verhältnisse als Pulverschnee. Es gibt zur beschriebenen Route viele Varianten, die jedoch fast alle wesentlich anspruchsvoller sind (z.B. die Strecke Hinterstein – Schrecksee – Landsberger Hütte).
Führer/Karten	AV-Skiführer Band 3 (Rother), Topographische Karte von Bayern 1:50 000, Sonderdruck „Allgäuer Alpen".

1. Tag: Bolsterlang–Riedbergerhorn–Balderschwang

Zeit	Aufstieg	Abfahrt	höchster Punkt
3 Std.	270 Hm	730 Hm	1786 m

Charakter und Schwierigkeiten: Gemütlicher Auftakt zur Allgäuer Westschleife mit wenig Aufstieg, einem für seinen Rundblick bekannten Gipfel und einer zügigen Abfahrt – halb Tiefschnee, halb Piste.

Die Route: Von Bolsterlang mit den Liften in den Sattel links des Weiherkopfes. Querung zum Berghaus Schwaben und in einem weiten Bogen auf den Ostrücken des Riedbergerhorns (1786 m). Vom Gipfel schöne, steile Abfahrt über den Nordwesthang, dann auf der Piste ins Tal von Balderschwang (1044 m).

2. Tag: Heidenkopf–Scheidewang Hochgrat–Staufnerhaus

Zeit	Aufstieg	Abfahrt	höchster Punkt
5 Std.	1100 Hm	460 Hm	1834 m

Charakter und Schwierigkeiten: Einsame Bergfahrt in sehr abwechslungsreichem, stark gegliedertem Gelände, das eine gewisse Spürnase für das Zurechtfinden erfordert. Nur bei sicherem Schnee!

Die Route: Auf dem Fahrweg zur Unteren Balderschwangeralp und etwas nach links in die Heidenkopf-Südmulde. Über eine Rippe zum Grat und zum Gipfel des Heidenkopfes (1684 m). Unter den Felsen westlich hindurch, dann steile Abfahrt zur Scheidewang (1316 m). Auf dem Sommerweg durch ein Tälchen bis vor die Untere Gelchenwangalp und über den Südostrücken auf den Hochgrat (1834 m). Westlich unter ihm liegt das Staufnerhaus (1700 m, DAV, 71 Plätze, Bergbahn).

3. Tag: Überschreitung der Nagelfluhkette nach Gunzesried

Zeit	Aufstieg	Abfahrt	höchster Punkt
8 Std.	1380 Hm	2240 Hm	1834 m

Charakter und Schwierigkeiten: Besonders reizvolle und aussichtsreiche, in ihrer Art einmalige Bergtour mit sechs Gipfeln

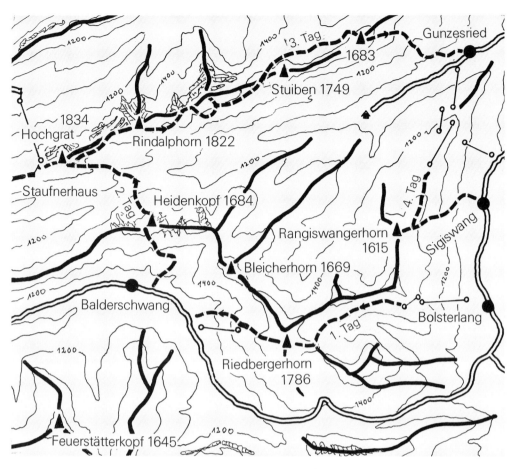

und sechs rassigen Abfahrten. Sichere Verhältnisse sind unabdingbare Voraussetzung!
Die Route: Vom Gipfel des Hochgrats durch die Steilmulde östlich hinab zum Gütle und Gegenanstieg auf das Rindalphorn (1822 m). Südlich des Gipfels Einfahrt in die nächste Steilmulde, die zur Gündlesscharte führt. Rechts des Grates steil auf den Gündleskopf (1748 m). Nach Südosten bis vor die Gündlesalp und in einem weiten Bogen über den Rücken auf den Buralpkopf (1772 m). Abfahrt wieder nach Südosten, kurze Querung zur Gatteralp und empor auf den Sedererstuiben (1737 m). Querfahrt zur Nordschulter des Stuibens und über zwei Steilstufen hinab zur Hinteren Krummbachalp. Letzter, steiler Anstieg erst nach Osten, dann nach Süden auf den Steineberg (1683 m). Auf der Südseite des Grates schräg abwärts in eine kleine Lücke unter dem Ostgipfel. Anfangs sehr steile Abfahrt zur Vorderen Krummbachalpe, dann über schöne Hänge nach Gunzesried (889 m).

Linkes Bild: Der Nordosthang des Riedbergerhorns, über der den Aufstieg führt.
Unteres Bild: Blick von Westen auf den Hochgrat mit der Bergbahnstation. Links dahinter das Rindalphorn.

4. Tag: Rangiswangerhorn–Oberstdorf–Probsthaus

Zeit	Aufstieg	Abfahrt	höchster Punkt
3 Std.	340 Hm	880 Hm	1615 m

Charakter und Schwierigkeiten: Bequeme Ausruhtour ohne Schwierigkeiten, schöne und hindernislose Abfahrt.
Die Route: Mit den Liften auf das Ofterschwangerhorn (1406 m). Am Gipfel des Sigiswangerhorns vorbei auf das Rangiswangerhorn (1615 m). Einfache Wiesenabfahrt nach Sigiswang. Mit Bus, Autostop oder auf der Loipe die 3 km nach Bolsterlang und dann mit dem Pkw hinüber ins nahe Oberstdorf. Bergfahrt mit der Nebelhornbahn und Übernachtung im Probsthaus (1920 m, DAV, 108 Plätze) oder im Berghotel.

5. Tag: Schochen–Obertal–Schwarzenberghütte

Zeit	Aufstieg	Abfahrt	höchster Punkt
4½ Std.	660 Hm	1220 Hm	2100 m

Charakter und Schwierigkeiten: Dieser Abstecher ins Obertal schenkt nicht nur eine rassige, waldfreie Abfahrt, sondern auch einen ganz besonderen Anblick: genau gegenüber ragen die winterlich weißen Nordabstürze des berühmten Grasberges Höfats auf. Auch hier ist sicherer Schnee unbedingt notwendig. Man kann diese Tour auch auslassen und direkt über das Koblat den Großen Daumen ansteuern.
Die Route: Westlich um den Zeiger und in den Sattel vor dem Großen Seekopf. Über die Wächte, dann schräg nach rechts hinab bis in 1700 m Höhe. Im Steilgelände um den Seekopf-Nordostrücken queren zum Breitengernhüttle (1700 m). Nun über teilweise steiles Gelände wieder bergauf, etwas nach links und dann unmittelbar über den äußerst steilen Nordhang auf den Schochen (2100 m). Es folgt die große

Obertalabfahrt in einem meist freien, doch stark gegliederten Gelände. Zurück ins Breitengern, dann immer links oberhalb des Baches bleibend bis zum Engeratsgundhof. Bevor die Talstraße dann steil zum Giebelhaus hinabführt, links auf dem Fahrweg Gegenanstieg zur Schwarzenberghütte (1380 m, DAV, 44 Plätze).

6. Tag: Großer Daumen – Möslealp – Hinterstein

Zeit	Aufstieg	Abfahrt	höchster Punkt
5 Std.	1000 Hm	1520 Hm	2280 m

Charakter und Schwierigkeiten: Wegen der abwechslungsreichen Landschaft und der sehr spannenden Abfahrt eine der beliebtesten Allgäutouren. Im oberen Teil herrlich weite Hänge, dann ein von Lawinen bestrichenes Tal. (Sicherer ist die Abfahrt auf der Aufstiegsroute, Busverkehr von Giebelhaus nach Hinterstein.) Höchster Gipfel dieser Durchquerung.
Die Route: Nach Überquerung des scharf eingeschnittenen Gündlesbaches zur gleichnamigen Alp empor. In einem Bogen bis unter die Felsen und dann durch eine Gasse zum Engeratsgundsee (Rucksackdepot). Nach Südwesten auf eine Schulter, dann über das stark gewellte Karstgelände und schließlich über den steilen Schlußhang auf den alles überragenden Großen Daumen (2280 m). Abfahrt in dem hindernislos weiten Gelände zurück zum See und

Bei der Daumen-Ostabfahrt unter dem Verbindungsgrat vom Großen zum Kleinen Daumen.

kurzer, steiler Gegenanstieg in die „Tür". Nach der recht steilen Einfahrt nach links (wichtig) und weiter durch die Hochmulde. Wo sich das Tal zusammenschnürt eine etwas unangenehme Querung nach rechts. Steil abwärts zur Mittleren Nickenalp und immer links am Hang in einem weiten Bogen zur Möslealp. Auf dem Weg durch dichten Wald ins Ostrachtal und flach talaus nach Hinterstein (865 m).

7. Tag: Willersalp – (Gaishorn) – Roßalp – Tannheim

Zeit	Aufstieg	Abfahrt	höchster Punkt
4½ Std.	1000 Hm	750 Hm	1830 m

Charakter und Schwierigkeiten: An diesem Tag kommt man aus dem Oberallgäu hinüber nach Tirol und zwar ins Tannheimer Tal. Es handelt sich um eine teilweise recht einsame Tour, die sich bei entsprechender Kondition mit einem besonderen Skileckerbissen garnieren läßt – nämlich einer Besteigung des Gaishorns, dem markantesten Gipfel über dem Vilsalpsee.
Die Route: Vom Südende des Ortes über die Wiesen zum Wald und auf dem Sommerweg zum Willersbach. Auf der anderen Bachseite über eine Steilstufe zu den freien Weideflächen der Willersalpe. In der Steilmulde hinauf in den Köllesattel. Rechts

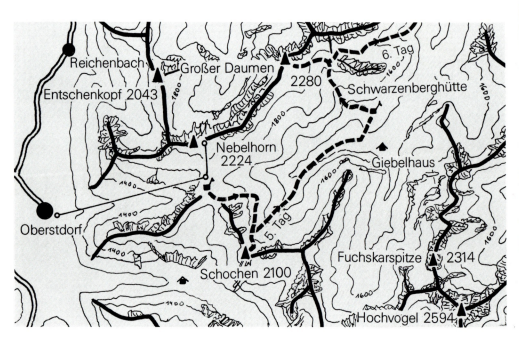

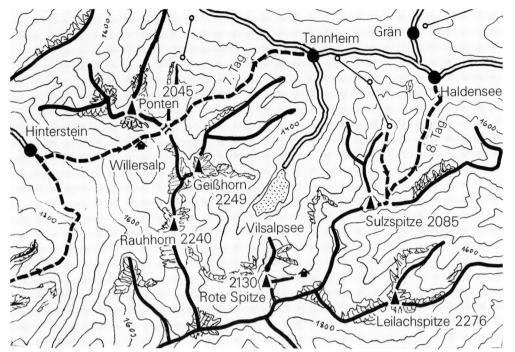

9. Tag: Seebenspitze–Brentenjoch–Vilseralp–Vils

Zeit	Aufstieg	Abfahrt	höchster Punkt
4½ Std.	600 Hm	1680 Hm	2000 m

Charakter und Schwierigkeiten: Zwei Stunden Aufstieg und 1680 Hm Tiefschneeabfahrt, der größere Teil davon in idealem Skigelände, steil und rassig, dazu zwei größere Gipfel und ein sehr eindrucksvoller Blick auf die Tannheimer Kletterberge – kann man sich als Abschluß etwas Besseres wünschen!

Die Route: Von Grän mit dem Lift ins Füssnerjöchl und mit einem Schlepper bis unter die Sefenspitze. Kurz empor zu deren Westgratschulter und Abfahrt nach Norden zur Seebenalp. Nach rechts ins nahe Vilserjöchl hinauf und über den freien, glatten

über die Stufe (evtl. Wächte; bei ungünstigen Bedingungen kann man über das Zirleseck, 1872 m, ins Pontental ausweichen, schöne Abfahrt) in den Boden des Älpeletals hinab. Von hier läßt sich in 1½ Std. das Gaishorn (2249 m) besteigen; ein besonders steiler Nordhang führt bis zum Gipfelgrat hinauf. Abfahrt durch das Tal nach Wiesle und nach Tannheim (1097 m).

8. Tag: Sulzspitze–Strindental–Haldensee–Grän

Zeit	Aufstieg	Abfahrt	höchster Punkt
4 Std.	480 Hm	1180 Hm	2084 m

Charakter und Schwierigkeiten: Gemütliche Tour auf einen schönen Gipfel und reizvolle Abfahrt über abwechselnd steile und flache Hänge ins Strindental, dann steile Waldstufe mit Forststraße.

Die Route: Von Tannheim mit den Liften zum Neunerköpfle. Am Grat entlang (eine etwas unangenehme Stelle) zur tiefsten Scharte und links über freie Hänge zur Oberen Strindenalp hinunter. Querung, dann Aufstieg in die Strindenscharte und über die schönen, steilen Hänge auf die Sulzspitze (2084 m). Freie Abfahrt bis unter die Strindenscharte und rechts über einen Steilhang ins gleichnamige Tal. Links des Baches, im Wald dann wieder rechts von ihm hinab nach Haldensee und hinüber ins nahe Grän (1138 m).

Steilhang auf die Seebenspitze (1935 m). Abfahrt über den Idealhang und Gegenanstieg aufs Brentenjoch (2000 m), über dessen herrliche Südhänge hinab, vor dem Graben nach links, dann wieder rechts und auf dem Weg hinab zur bewirtschafteten Vilseralp. Auf dem Fahrweg zeitweise in dichtem Wald nach Vils (826 m).

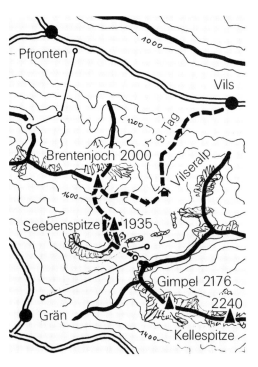

Linkes Bild: Der Ponten, einer der beliebtesten Skiberge des Tannheimer Tales; links davon das Zirleseck und das Pontenkar.
Oberes Bild: Haldensee, ein kleines Feriendorf im Tannheimer Tal.
Unteres Bild: Am letzten Tag der Allgäu-Durchquerung beherrscht der so ungewöhnlich geformte Aggenstein fast ständig das Bild.

Allgäuer Hauptkamm

Ein berühmtes Motiv: Einödsbach gegen Trettachspitze, Mädelegabel und Hochfrottspitze. Die Nordseite des Allgäuer Hauptkammes bietet im Winter einen recht abweisenden Anblick.

Zwischen Rappensee und Großem Krottenkopf

Drei Tage reichen für diesen Blitzbesuch im höchsten Abschnitt der Allgäuer Alpen. Nicht makellose Riesenhänge bestimmen den Charakter dieser Tour, sondern kleinräumiges, stark gegliedertes Gelände, rasche Szenenwechsel, die Vielfalt der Eindrücke. Man kann den beiden höchsten Gipfeln aufs Haupt steigen, wandert über ein weites Sonnenplateau, bekommt kleine, mittlere, größere Abfahrten serviert, und zudem sorgt diese Felslandschaft für spannende Nahblicke. Das Ganze ist jedoch keine Tour für den Gelegenheitstiefschneefreund. Man muß schon ein erfahrener Bergsteiger sein, der im steilen Schnee zurechtkommt, der sich im verschneiten Schrofengelände sicher bewegt und der auch noch mit einem etwas schwereren Rucksack seine Bögen in die Hänge zaubern kann. Die beiden Stützpunkte, die Rappensee- und die Kemptner Hütte, die groß wie Hotels sind, werden nämlich zu dieser Jahreszeit nicht bewirtschaftet, und man ist deshalb auf die recht komfortablen Winterräume angewiesen. Dadurch bekommt das Unternehmen einen ganz eigenen Reiz: Wer kann sich schon rühmen, im Bereich des so überlaufenen Heilbronner Wegs in Einsamkeit geschwelgt zu haben? Die großen Gipfel dieser Tour bestehen aus Hauptdolomit, sie werden jedoch von dem typischen Allgäuer Steilgrasgelände wie von einer Festung umgeben. Hier käme ein blindes Anrennen bei schlechten Verhältnissen einem Selbstmord gleich; nur der Besonnene wird den Sturm auf die königlichen Gipfel erfolgreich und vor allem sicher zu Ende führen. Als richtige Lawinenfallen muß man den Sperrbachtobel und das Bacherloch einstufen. Unsere Route beginnt und endet deshalb im Lechtal. Doch auch hier braucht man Fingerspitzengefühl, um die richtigen Verhältnisse zu erwischen. Ist man allzu früh im Jahr unterwegs, dann bremst die dicke Schneeauflage an Graten und Scharten das Vorwärtskommen. Man würde sich aber auch einen Teil der Freude rauben, wenn man wegen der ausgeaperten Hänge allzu weit seine Brettl tragen müßte — schließlich liegt Holzgau nur 1114 m hoch. —ds—

Zeitbedarf	Drei Tage.
Abfahrtshöhe	Insgesamt 3080 Hm.
Anreise	Die Tour beginnt beim Holzgauer Haus in Lechleiten (1539 m), einem Dörfchen im obersten Lechtal in der Nähe von Warth. Zufahrt von Reutte durch das Lechtal (zwischen Steg und Lechleiten manchmal wegen Lawinengefahr gesperrt).
Rückreise	Zwischen Holzgau und Lechleiten verkehren Busse.
Stützpunkte	Die beiden DAV-Hütten sind im Frühjahr nicht bewirtschaftet, sie bieten jedoch große Winterräume (AV-Schlüssel).
Anforderungen	Tour durch teilweise steiles Grasgelände (Lawinengefahr), sehr steiler Schartenübergang, bei ungünstigen Verhältnissen evtl. Pickel und Steigeisen notwendig.
Tips/Hinweise	Beste Zeit ist März oder April bei sicherem Firn und schon schneearmen Felsen. Bei Schlechtwettereinbruch „Flucht" durch das Hochalptal empfehlenswert.
Führer/Karten	Skiführer Allgäuer Alpen (Rother, 1985 in Vorbereitung), AV-Karte Allgäuer Alpen West und die Österreichische Karte 1:25000, Blatt 113.

1. Tag: Lechleiten–Rappenalptal–Rappenseehütte

Zeit	Aufstieg	Abfahrt	höchster Punkt
4½ Std.	1070 Hm	510 Hm	2091 m

Charakter und Schwierigkeiten: Das ist gewissermaßen ein Hintertürchen-Zugang zur Rappenseehütte. Landschaftlich reizvolle Tour, eindrucksvoll vor allem der Biberkopf (2599 m), der südlichste Berg Deutschlands, sehr einsames Gelände. Nur bei sicherem Schnee!

Die Route: Vom Holzgauer Haus entweder direkt auf einer Rampe zur Lechleitner Alpe und weiter zum Salzbühel (1775 m) oder erst links über den Bach, dann auf den Rücken des Grüner und nach rechts dorthin. Abfahrt zur Mittleren Biberalpe, in gleicher Richtung noch 200 Hm steil nach Norden und links über Lichtungen zum Boden bei der Unteren Biberalpe. Knapp 1 km talaus zum Bergerhöfle (1260 m), dann nördlich des Körbertobels wieder empor zur Mittleren Rappenalpe und durch die Mulde weiter zur Schulter nördlich des Mußkopfes. Rechts über den sehr steilen Hang auf die oberen Böden und in einem nach rechts ausholenden Bogen zur Rappenseehütte (2091 m, DAV, Winterraum).

Gipfel am Weg – Grüner (1914 m): 20 Min. braucht man von der Lechleitner Alpe auf diesen runden Aussichtsgupf.

2. Tag: Steinscharten–Steinschartenkopf–Kemptner Hütte

Zeit	Aufstieg	Abfahrt	höchster Punkt
5½ Std.	830 Hm	1070 Hm	2615 m

Charakter und Schwierigkeiten: Großzügige Bergfahrt über herrlich weite Höhen mit freiem Blick in die Lechtaler Alpen und Besteigung eines hohen Gipfels. Nur bei

Linkes Bild: Die Hochfläche Schwarze Milz (mit wenig Schnee), darüber die bekanntesten Allgäuberge: Mädelegabel, Hochfrottspitze, Bockkarspitze, Steinschartenkopf (von rechts).
Rechtes Bild: Gute Skifahrer begingen schon 1948 den Heilbronner Weg im Frühjahr.

guten Verhältnissen und nebelfreiem Wetter möglich. Sehr steiler Aufstieg zum Steinschartenkopf.

Die Route: Von der Hütte über die Große Steinscharte bis unter die Kleine. Zu Fuß sehr steil nach links empor, bis man auf den versicherten Steig trifft. Auf ihm zum Steinschartenkopf (2615 m). Rassige Abfahrt ins Socktal. Wieder 200 m empor, Höhenwanderung über die Schwarze Milz und südlich unter Mädelegabel und Kratzer hindurch. Dann Abfahrt über freie Hänge zur Kemptner Hütte (1845 m, DAV, Winterraum).

Große Variante für Starke und Schnelle: Eindrucksvolle Hochtour für sehr gute Bergsteiger, etwa 10 Std., 1970 Hm Abfahrt. Von der Hütte in die Scharte zwischen Hochrappen- und Rappenseekopf. Abfahrt nach Südosten und Osten in den untersten Boden des Wieslekares. 100 Hm aufwärts, dann rechts sehr steil durch die Hänge auf den Südwestrücken des Hohen Lichts (2651 m), den man bei gutem Schnee bis zum Gipfel mit Ski begehen kann. Zurück ins Wieslekar und weiter wie oben zum Steinschartenkopf.

3. Tag: Krottenkopf–Höhenbachtal–Holzgau

Zeit	Aufstieg	Abfahrt	höchster Punkt
5 Std.	810 Hm	1500 Hm	2656 m

Charakter und Schwierigkeiten: Spannende Tour zum höchsten Berg der Allgäuer Alpen, Gipfelaufbau zu Fuß über steilen Schnee und kleine Felsstufen. 700 Hm steile, freie Hänge, dann schmales, stark von Lawinen bestrichenes Tal. Sichere Verhältnisse sind Voraussetzung.

Die Route: Von der Hütte in einem Bogen ins Obere Mädelejoch (2038 m). Drüben durch eine Mulde etwa 100 Hm hinab ins Roßgumpental. Immer schräg nach rechts am steilen Hang empor bis in den Karboden unter dem Ramstallkopf. Nun genau nach Osten über Hänge, dann durch eine kleine Klamm, schließlich wieder über Steilhänge bis vor die Krottenkopfscharte. Immer links der Kante so hoch wie möglich mit Ski, dann zu Fuß auf den alles überragenden Gipfel. Steile, besonders eindrucksvolle Abfahrt zurück ins Roßgumpental. Immer rechts des Baches bleibend talaus und über eine etwas unangenehme Waldstufe zur Unteren Roßgumpenalpe. Nun folgt man stets der Straße durch das Höhenbachtal – am Schluß in einer Klamm – talaus nach Holzgau (1114 m).

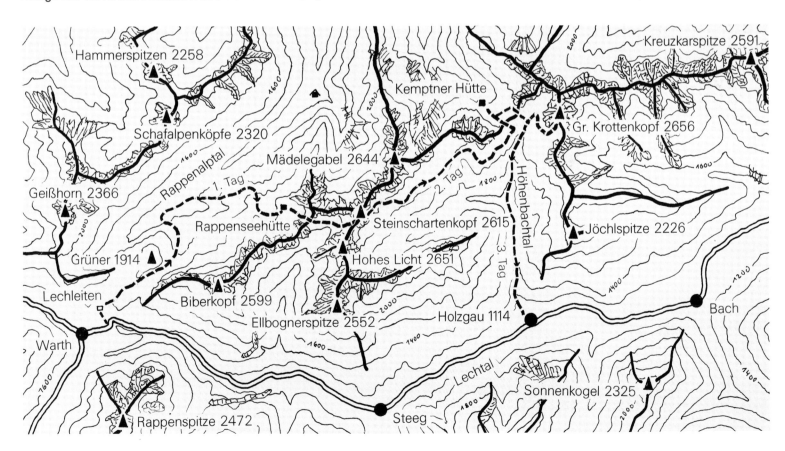

Die Große Reibe

Durch Hagengebirge und Steinernes Meer

Den Watzmann – auf dem Foto sieht man die Südspitze (2712 m) – hat man während der „Großen Reibe" fast ständig als auffallendsten und alles beherrschenden Berg im Blickfeld.

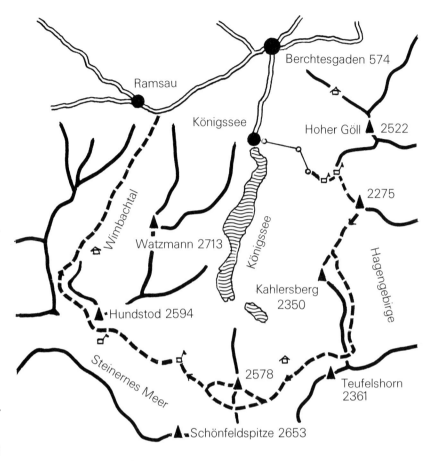

Die Große Reibe ist die Haute Route der Berchtesgadener Berge, das besondere Abenteuer vor der Haustüre für alle Skibergsteiger zwischen München und Salzburg. Sie eignet sich nur für kräftige Burschen, denn in zwei Tagen werden fünfzig Kilometer und bald dreitausend Höhenmeter Aufstieg auf den Skiern zurückgelegt. Und dabei kann man, je nach Kondition und Schneeverhältnissen, zusätzlich zu den beiden „Pflichtgipfeln" noch einen, zwei, drei (ja, theoretisch bis zu einem Dutzend) Berge „mitnehmen". Sehr, sehr lange Wanderungen über die Hochflächen wechseln mit interessanten Abfahrten wie durch den Eisgraben oder in den berühmten Loferer Seilergraben ab. Die Große Reibe führt im Uhrzeigersinn in einem Dreiviertelkreis um den sehr tief eingebetteten Königssee. Man beginnt mit einer Bergbahnfahrt zum Jenner, erreicht über den Schneibstein das Hagengebirge, die wohl einsamste Karsthochfläche der Berchtesgadener Alpen. Dann muß man tief hinab in die sogenannte Röth, um schießlich über das nächste große Hochplateau mit dem bezeichnenden Namen Steinernes Meer das Wimbachtal am Fuß der 1700 m hohen Watzmann-Westwand und nach einem Straßen„hatscher" wieder bewohntes Gelände zu erreichen. Schon seit den 20er Jahren begehen gute Skibergsteiger diese Route. Damals brauchte man drei volle Tage, heute reichen – dank der Bahn – zwei Tage und der Nachmittag davor. Ja, es hat schon besonders Eifrige gegeben, die über die gesamte Strecke an einem Tag gerannt sind – und zwar mit Langlaufskiern. Da kann man nur sagen: Zur Nachahmung *nicht* empfohlen. Die Gefahren der Großen Reibe zu unterschätzen, könnte nämlich durchaus verhängnisvoll werden. Die beiden Karsthochflächen werden bei Nebel zu ganz heimtückischen Fallen. Sie brechen rundum in hohen Wänden ab, und die ganz seltenen Lücken dazwischen sind ohne gute Sicht nahezu nicht zu finden. Man sollte sich auch nicht auf die eventuell vorhandenen Spuren verlassen; bekanntlich können sie Wind oder Neuschnee in wenigen Minuten auslöschen. Deshalb nur bei wirklich stabilem Wetter diese Tour durchführen! —sti—

Zeitbedarf	2½ Tage.
Abfahrtshöhe	Insgesamt bei optimalen Bedingungen 4030 Hm.
Anreise	Über Berchtesgaden nach Königssee und zum großen Parkplatz an der Talstation der Jennerbahn.
Rückreise	Da die Tour an der Wimbachbrücke 6 km westlich von Berchtesgaden endet, muß man von dort aus mit Bus oder Taxi nach Berchtesgaden und weiter zum Parkplatz der Jennerbahn fahren.
Stützpunkte	Schneibsteinhaus und Stahlhaus am Torrenerjoch sind bewirtschaftet. Im Kärlingerhaus ist man meist auf den Winterraum angewiesen.
Anforderungen	Diese hochalpine Bergfahrt gehört zum Anspruchsvollen in diesem Buch. Bei den kilometerweiten Karstflächen ist die Gefahr des Verirrens sehr groß. Absolut sicherer Schnee für den zweiten Tag notwendig.
Tips/Hinweise	Beste Monate sind April und Mai.
Karten	AV-Karten, 1:25000, Blatt Hagengebirge und Blatt Steinernes Meer.

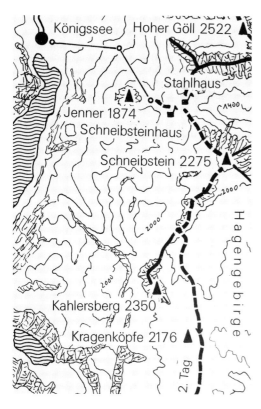

1. Tag: Königssee–Jenner–Stahl- bzw. Schneibsteinhaus

Zeit	Aufstieg	Abfahrt	höchster Punkt
1 Std.	–	200 Hm	1802 m

Charakter und Schwierigkeiten: Auffahrt mit der Jennerbahn (Bergstation auf 1802 m), einfacher, kurzer Weg zu einer der genannten Hütten.

Die Route: Von der Bergstation der Jennerbahn kurze Abfahrt nach Süden, dann 30 Min. Querung zum Schneibsteinhaus (1650 m, Naturfreunde, 96 Schlafplätze) oder zum Stahlhaus (1728 m, DAV, 84 Schlafplätze), beide ganzjährig bewirtschaftet.

2. Tag: Hagengebirge–Röth–Kärlingerhaus

Zeit	Aufstieg	Abfahrt	höchster Punkt
9 Std.	1840 Hm	1930 Hm	2375 m

Charakter und Schwierigkeiten: Während des gesamten Tages ist man in dem typischen Karstgelände unterwegs, das über weite Strecken flach verläuft, wegen des Auf und Ab im kleinen jedoch mühsam ist und viel Zeit beansprucht. Bei Nebel kann man sich ohne Spuren unmöglich zurechtfinden. Wegen der Weglänge ist ein sehr früher Aufbruch ebenso wichtig wie eine ausgezeichnete Kondition.

Die Route: Aufstieg mit geschulterten Skiern auf den Schneibstein (2275 m). Man fährt 100 m nach Süden ab, geht westlich des Rückens weiter, der sich zum Windschartenkopf hinzieht, und erreicht dann vom Norden her die Windscharte. Weiter am Windschartenkopf vorbei zum Schlunghorn und dann ostwärts hinunter auf die Karstfläche. Flach über das wellige Gelände, östlich am Kahlersberg vorbei (mit 2350 m einer der höheren Gipfel und als Orientierungshilfe geeignet) und weiter zu den Kragenköpfen (Vorderer Kragenkopf, 2176 m), die ebenfalls östlich umgangen werden. Nächster markanter Punkt ist der Jägerbrunntrog (2247 m), an dessen Südflanke, knapp unter dem Gipfel meist Wasser aus einer kleinen Quelle fließt. Bis hierher 4–5 Std. Jetzt steil, evtl. zu Fuß, in die Einfahrt zum Eisgraben. Etwa 500 Hm Abfahrt, oben steil, in einer Rechtskurve, dann weiter werdend hinunter in den obersten Kessel der Röth. (Die in der Karte eingezeichnete Wasseralm kann in Notfällen als Übernachtungsmöglichkeit genommen werden.) Querung weit oberhalb der Wasseralm durch ein Gewirr von Felsblöcken und Bäumen. Man hält sich möglichst hoch, um dann in weiter Kurve nach Süden die „Lange Gasse" zu erreichen, den Aufstieg ins Steinerne Meer. Am markanten Wildalmrotenkopf südlich vorbei in den Sattel Niederbrunnsulzen (2369 m). Nun schöne Abfahrt am „Toten Weib" vorbei und durch den Stuhlgraben zum Funtensee, hinter dem das Kärlingerhaus (1630 m, DAV) liegt.

Gipfel am Weg – Funtenseetauern (2578 m): Wer noch über Kraftreserven verfügt, der kann den Wildalmrotenkopf links liegenlassen und über die stark gewellten Böden zum mächtigen Funtenseetauern aufsteigen. Als Lohn gewinnt er die Idealabfahrt durchs Ledererkar. Knapp 1 Std. weiter.

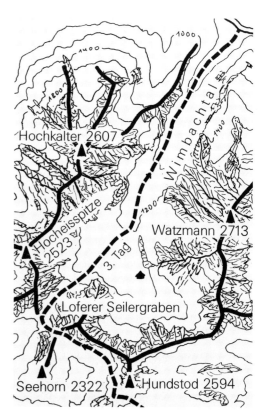

3. Tag: Hundstodscharte–Loferer Seilergraben–Wimbachtal

Zeit	Aufstieg	Abfahrt	höchster Punkt
7 Std.	900 Hm	bis 1900 Hm	2210 m

Charakter und Schwierigkeiten: Der Westteil der Großen Reibe wartet mit zwei Steilhängen auf, von denen vor allem die

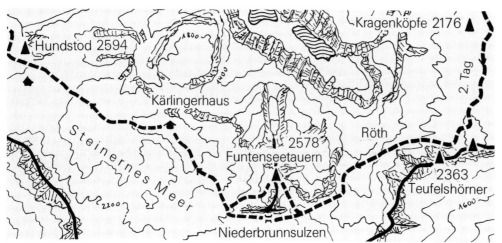

500 m hohe Stufe über dem Loferer Seilergraben berühmt und berüchtigt ist. Sie erfordert einen standfesten Fahrer und absolut sicheren Schnee. Bitterer Ausklang: im Wimbachtal liegt um diese Jahreszeit meist kein Schnee mehr, und man muß dann die Skier sehr weit tragen.

Die Route: Zuerst nach Westen ins Hirschtörl, dann über die fast ungegliederte, aber stark gewellte Hochfläche in die Hundstodscharte (2210 m) am Fuß des Großen Hundstod (2594 m), den man als Richtungsweiser nimmt. Steile Querung zum Dießbacheck. Kurz nach rechts, dann Abfahrt über den schönen Steilhang (am Vormittag oft noch gefroren) in den Hochwieskessel. Aufstieg nach Nordwesten in den Sattel zwischen Seehorn und Palvenhorn (2159 m). Jenseits genau nach Norden über die Böden hinab in die Wimbachscharte (1986 m) direkt am Fuß des Sigeretkopfes. Erst hier (wichtig!) nach rechts und über den hohen, extrem steilen Hang (Vorsicht Felsen) in den von einem ganzen Wald bizarrster Felszacken überragten Loferer Seilgraben. Durch den Graben auf die sehr weiten Flächen des Wimbachgrieß und noch 7 km talaus durch das Wimbachtal, das von den mehr als 1500 m hohen Wänden von Watzmann und Kalter eingerahmt wird.

Gipfel am Weg – Seehorn (2322 m): Von der Scharte 2159 kann dieser markante, nach Südwesten vorgeschobene Gipfel auf und östlich neben dem Kamm mit seinen drei Zwischenköpfen bestiegen werden (Abstecher von gut 1 Std.).

Am Nordwestende des Steinernen Meeres, dieses kilometerweiten Karstplateaus, liegt die im Winter geschlossene Ingolstädter Hütte. Von dort führt die Route zur Hundstodscharte und zum Dießbacheck hinauf.

Samnaun - Silvretta - Rätikon

Eine Idealtour ohne ernste Probleme

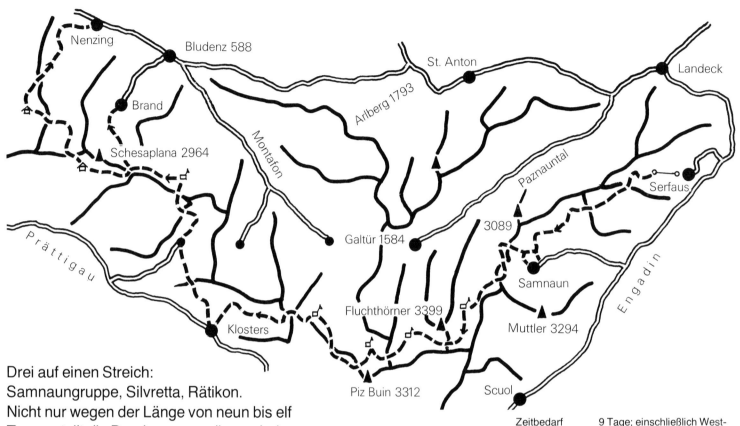

Drei auf einen Streich:
Samnaungruppe, Silvretta, Rätikon.
Nicht nur wegen der Länge von neun bis elf Tagen stellt die Durchquerung dieser drei ausgedehnten Berggruppen die Krönung unter den ostalpinen Touren dar. Hier stimmt einfach alles. Den Tiefschneefreund erwarten etwa ein Dutzend hindernislose Abfahrten, die einzelnen Abschnitte sind ausnahmslos spannend und interessant, werden aber – wenn man sich vernünftig verhält – niemals dramatisch und beängstigend. Fast täglich läßt sich ein lohnender, aussichtsreicher Gipfel „mitnehmen", und man braucht keine allzu gewichtigen Rucksäcke zu schleppen, da die Hütten und Gasthöfe (von der Schesaplanahütte abgesehen) für das leibliche Wohl sehr gut sorgen. Das ganz große Plus dieser Sam-Sil-Rät-Tour jedoch sind die Abwechslung, die Mannigfaltigkeit, die Gegensätze. In der Samnaungruppe ist man zwischen behäbigen, oft makellos weißen Gneis- und Schieferbergen unterwegs, im Herzen der Silvretta kann man auf idealen Gletscherhängen schwelgen, jenen weiten, meist sanften Becken, die so malerisch von den schwarzen, bizarr gezackten Gipfeln umrahmt werden. In der Westsilvretta wird das Gelände dann engräumig, lange, durch scharfe Scharten zerschnittene Felsgrate beherrschen das Bild, während man im Rätikon einer typischen Kalklandschaft mit hellen, glatten Wänden begegnet. Und weitere Gegensätze: Einsamkeit im oberen Schlappintal, viele Gleichgesinnte auf dem Jamtalferner, Pistentrubel an der Idalpe…   –ds–

Zeitbedarf	9 Tage; einschließlich Westrätikon 11 Tage.
Abfahrtshöhe	Insgesamt 10420 Hm bzw. 12250 Hm.
Anreise	Man startet in Serfaus (1429 m), das auf einer Terrasse westlich hoch über dem Inn liegt. Zufahrt mit Pkw oder Bus von Landeck.
Rückreise	Von Brand mit dem Bus nach Bludenz und Rückfahrt mit der Bahn durch den Arlbergtunnel nach Landeck.
Stützpunkte	In der Silvretta und bei der Lindauer Hütte handelt es sich um bewirtschaftete AV-Hütten, dreimal ist man auf Gasthöfe im Tal angewiesen.
Anforderungen	Auf der ganzen Tour gibt es keine wirklich schwierigen Stellen, doch Erfahrungen im Hochgebirge und sichere Verhältnisse sind unbedingte Voraussetzungen.
Tips/Hinweise	Die günstigsten Zeiten sind März, April und evtl. Anfang Mai.
Führer/Karten	Skiführer Silvretta und Rätikon (Rother), Österreichische Karte 1:50000, Blatt 141, 144, 169, 170, 171.

1. Tag: Serfaus–Komperdell–Arrezjoch–Alp Trida

Zeit	Aufstieg	Abfahrt	höchster Punkt
6 Std.	400 Hm	1550 Hm	2775 m

Charakter und Schwierigkeiten: Die erste Tour zeigt einen ganz eigenen Charakter; die Route führt über nicht weniger als sieben Sättel und acht weiträumige Almböden mit meist sanften Abfahrten und Aufstiegen, halb Piste, halb Tiefschnee. Nebelfreies Wetter ist unbedingt notwendig.

Die Route: Von Serfaus mit der Bahn nach Komperdell und mit den Liften über Lazid, Scheid, Arrezjoch bis zum Zandersjoch (2745 m, drei Zwischenabfahrten). Nun zu Fuß zum Gmairersee und über einen kurzen Hang in den Sattel am Südfuß des Gmairerkopfes (Ochsenscharte, 2775 m, höchste Wegstelle). Dann 220 Hm nach Westen hinab und kurz wieder empor auf den entsprechenden Sattel am Martinskopf. Nun fährt man über die weiten, gewellten Flächen der Fließer Stieralpe mit möglichst wenig Höhenverlust ab und gelangt so ohne viel Gegenanstieg in den Matschiberlesattel. Zu einer weiteren Schulter hinüber, erst dann in den Boden des Malfragtales hinab. Gleich gegenüber wieder in den Sattel (2542 m) nördlich des Munt da Chierns empor und jenseits relativ steil hinab zur Alp Bella und damit in den Pistenbereich von Samnaun / Alp Trida. Übernachtung im Skihaus Alp Trida (2263 m) oder unten im Tal.

Gipfel am Weg – Gmairerkopf (2914 m): Diesen breiten Berg kann man von der Ochsenscharte aus in 25 Minuten über steilen Schnee und Blockwerk besteigen.

Der Hexenkopf (3035 m) ist der höchste Gipfel im Nordflügel der Samnaunberge, ein hochalpines Frühjahrsziel für gute Skifahrer. Unsere Route führt im Vordergrund vorbei.

2. Tag: Idalpe–Zeblasjoch–Heidelberger Hütte

Zeit	Aufstieg	Abfahrt	höchster Punkt
4 Std.	300 Hm	1400 Hm	2800 m

Charakter und Schwierigkeiten: Alp Trida und Idalpe gehören zu den größten Pistenstationen der Alpen. Nach dem Trubel auf den Pisten folgt nur noch ein relativ kurzer Tourenabschnitt, bei dem jedoch schneebrettsichere Verhältnisse herrschen müssen.

Die Route: Von der Alp Trida, bzw. von Samnaun mit den Bahnen zum Grenzkamm (Schweiz/Österreich) hinauf und Abfahrt zur Idalpe. Weitere Lifte bis zur Ostschulter des Paulinerkopfes. Markierte

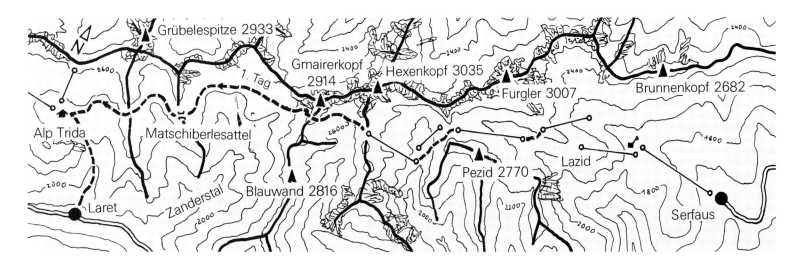

Abfahrt über den Südhang ins Zeblasjoch, noch 100 Hm nach Westen hinab. Dann Gegenanstieg in den Sattel (2751 m) neben dem Piz Val Gronda und leicht abwärts östlich um den Piz Fenga Pitschna und nach links über schöne Hänge zur Heidelberger Hütte (2264 m, DAV, 156 Plätze) im Fimbertal hinab.

Das Garnèratal in der Westsilvretta mit Valgraggestürmen und -spitzen. Ganz rechts das Plattenjoch, nach vorne „unsere" Abfahrt ins Garnèra (bei sehr geringer Schneelage).

Gipfel am Weg – Piz Val Gronda (2812 m): In nur 15 Min. vom erwähnten Sattel über einen sanften Hang auf den auffallend abgerundeten Berg.

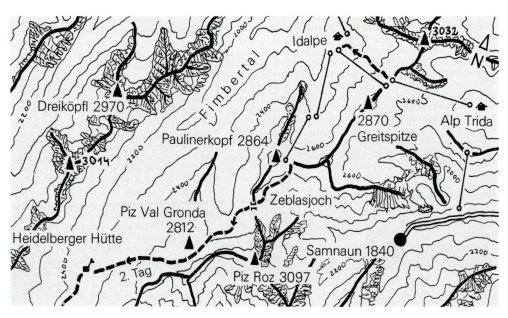

3. Tag: Kronenjoch–Futschöltal–Jamtalhütte

Zeit	Aufstieg	Abfahrt	höchster Punkt
4 Std.	710 Hm	810 Hm	2974 m

Charakter und Schwierigkeiten: Erste Etappe der sehr beliebten Silvrettadurchquerung, keine ernsten Probleme. Malerische Bergkulisse, in der die Fluchthörner (3399 m), die wohl wildesten Silvrettaberge, den besonderen Blickfang bilden.

Die Route: Westlich oberhalb des Baches nach Süden zu Punkt 2542. Hinab in den nahen Talboden und in ihm noch 20 Min. weiter. Dann rechts über die schönen Hänge am Falschen Kronenjoch vorbei ins Kronenjoch (2974 m). Drüben steil durch eine Mulde, dann über Böden, schließlich im Futschöltal hinaus zu dem so beliebten Skitourenstützpunkt Jamtalhütte (2165 m, DAV, 207 Plätze, etwa 15 Dreitausender gehören zum Tourengebiet).

Gipfel am Weg – Breite Krone (3079 m): Vom Falschen Kronenjoch über das oft abgeblasene Westdach in 20 Min. ohne Schwierigkeiten auf diesen feinen Aussichtsberg.

4. Tag: Jamtalferner–Ochsenscharte–Wiesbadener Hütte

Zeit	Aufstieg	Abfahrt	höchster Punkt
3 Std.	800 Hm	510 Hm	2950 m

Charakter und Schwierigkeiten: An diesem Tag ist man im großen Gletscherrevier der Zentralsilvretta unterwegs, in dem es bei ordentlichen Verhältnissen keine Probleme gibt. Bei der Kürze der Tour lockt natürlich eine Besteigung des scharfgeschnittenen Felsgipfels Dreiländerspitze, dem Wächter über dem tirolerischen, dem Vorarlberger und dem Graubündner Raum.

Die Route: Über die weiten Flächen des Jamtalferners (Spalten) hinauf in die Obere Ochsenscharte (2950 m). Hindernislose Abfahrt auf dem nördlichen Teil des Vermuntgletschers zur Wiesbadener Hütte (2443 m, DAV, 163 Plätze).

Gipfel am Weg – Dreiländerspitze (3197 m): Von der Oberen Ochsenscharte zum Gipfelaufbau und diagonal über den steilen Hang zum Westgrat. Zu Fuß auf den Vorgipfel und mit ausgesetzter Kletterei zum Gipfelkreuz (bei verschneitem Fels schwierig). Grandiose Aussicht. 1 Std.

5. Tag: Fuorcla dal Cunfin–Rotfurka–Saarbrückner Hütte

Zeit	Aufstieg	Abfahrt	höchster Punkt
5½ Std.	840 Hm	740 Hm	3042 m

Charakter und Schwierigkeiten: Hochalpine Tour in einer großen und weiten Gletscherlandschaft, am Weg liegen so formenschöne Berge wie das Verstanklahorn und das Gipfelpaar Großlitzner und -seehorn. Diese Route darf man nur bei sicheren Verhältnissen und zuverlässigem Wetter anpacken. Ausweichmöglichkeit: Abfahrt zum Silvretta-Stausee und Madlenerhaus, dann Aufstieg durch das Kromertal.

Die Route: Vom Vermuntgletscher quer über die trennende Rippe auf den Ochsentalergletscher. Unter dem Eisbruch nach rechts, dann gerade hinauf (Spalten) und in die Fuorcla dal Cunfin (3042 m). Ohne viel Höhenverlust nach Westen in den nahen Silvrettapaß (3003 m). Schöne Abfahrt über den Silvrettagletscher – sich immer rechts haltend! – bis unter die Rotfurka. Man könnte von hier zu den nahen Silvrettahütten (2339 m, SAC) abfahren. Kurz zu Fuß empor in die Rotfurka (2688 m) und drüben nur bis auf den ersten Boden des Klostertales in 2600 m Höhe hinab. Nun Querung nach Norden, steil unter der Sonntagspitze hindurch ins Verhupftäli und hinauf in den Litznersattel (2737 m). Sich links haltend über den Litznergletscher zur Saarbrückner Hütte (2538 m, DAV, 87 Plätze), die auf einem Vorsprung unter dem Kleinlitzner thronen.

Gipfel am Weg – Piz Buin (3312 m): Die Besteigung des bekanntesten Silvrettaberges ist eine anspruchsvolle Hochtour; die Schwierigkeiten hängen sehr von den Verhältnissen ab, evtl. werden Pickel und Steigeisen notwendig. Vom oberen Ochsentalergletscher in die Fuorcla Buin. Zu Fuß über die verschneiten Geröll- und Schrofenhänge steil noch 250 Hm bis zum Gipfel. Besonders weitreichender Rundblick.

6. Tag: Seelücke–Hochjöchli–Schlappin–Klosters

Zeit	Aufstieg	Abfahrt	höchster Punkt
7 Std.	750 Hm	2100 Hm	2772 m

Charakter und Schwierigkeiten: Sehr interessante Route durch die Westsilvretta. Die Einsamkeit und die Steilstellen erfordern einen erfahrenen Bergsteiger. Riesenabfahrt nach Klosters. Nur bei bestem Wetter und sicherem Schnee!

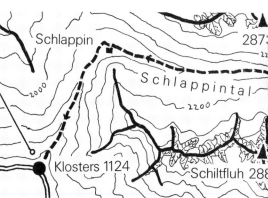

Die Route: Von der Hütte in einem Bogen in die Seelücke (2772 m). Auf dem Seegletscher 200 Hm schöne Abfahrt, dann im Zickzack zwischen den Steilstellen hinauf in das Plattenjoch (2728 m). Nun spannende Abfahrt ins Garneratal: entweder gerade hinab und über eine äußerst steile Stufe bis in 2380 m Höhe oder aus der Schartenmulde in 2600 m Höhe nach rechts abbiegend ins Skijoch und jenseits des Schwabenmassivs Abfahrt bis in 2280 m Höhe und von dort nach links (einfacher aber weiter). Nun ebenfalls recht steiler Anstieg über das Garneragletscherchen ins Hochjöchli (2695 m, Grenze zur Schweiz). Drüben über die erste Stufe die Ski hinabtragen, dann sehr schöne Strecke zum Hühnersee und weiter ins Schlappintal. Durch den langgestreckten Einschnitt noch weit talaus bis nach Klosters (1124 m, bekannter Skiort in der Nähe von Davos).

Gipfel am Weg – Kleinseehorn (3032 m): Abstecher von gut einer Stunde von der Seelücke aus auf diesen formenschönen Doppelgipfel. Steiler Hang in die Gipfel-

Das Kleine Seehorn, der Doppelgipfel rechts, gehört zu den reizvollsten „Gipfeln am Weg". Links Großseehorn (3121 m) und Großlitzner.

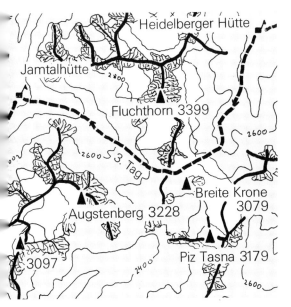

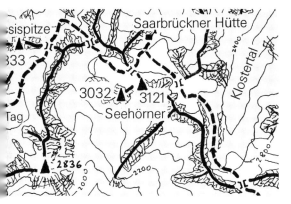

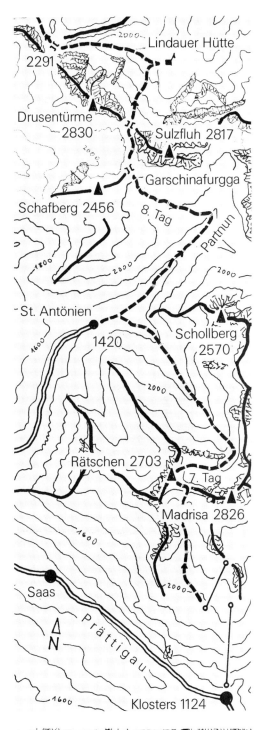

8. Tag: Partnun–Garschina–Drusentor–Lindauer Hütte

Zeit	Aufstieg	Abfahrt	höchster Punkt
4½ Std.	920 Hm	600 Hm	2343 m

Charakter und Schwierigkeiten: Bei dieser unkomplizierten Tour imponiert vor allem der Blick auf die wilden, auffallend hellen Kalkwände der Rätikon-Grenzberge wie Sulzfluh und Drei Türme. Bei der steilen Abfahrt – begeisternd, aber allzu kurz – sollte der Schnee lawinensicher sein.

Die Route: Auf dem Weg bis kurz vor den Talschluß bei Partnun. Nun zuerst über steilere Hänge, dann auf weiten Böden in die Garschinafurgga (2221 m, SAC-Hütte). Jenseits quer über die Hänge am Fuß der Sulzfluh und steil in das Drusentor (2343 m, Grenze) hinauf. Anfangs auf der Nordseite etwas nach links, dann hindernislose Steilabfahrt zur Lindauer Hütte (1744 m, DAV, 160 Plätze).

Gipfel am Weg – Schafberg (2456 m): Schon vor der Garschinafurgga hält man sich genau nach Westen und erreicht diesen feinen Aussichtsberg über die stark gegliederten Osthänge. Aufstieg 45 Min.

scharte und links über Felsen zum höchsten Punkt.

7. Tag: Rätschen–Gafiertal–St. Antönien

Zeit	Aufstieg	Abfahrt	höchster Punkt
3 Std.	400 Hm	1280 Hm	2703 m

Charakter und Schwierigkeiten: Der heutige Minianstieg macht's möglich, daß man nach dem tagelangen Hüttenleben die Bequemlichkeit eines Hotelbettes richtig auskostet. So läßt sich natürlich auch die lange Rätschen-Abfahrt dann doppelt genießen.

Die Route: Mit Bahn und Lift in die Chüecalanda und etwas links ausholend über den Steilhang zum Grat. Nach Westen auf den breiten Gipfel des Rätschen (2703 m). Abfahrt über die weiten Karstböden der Gafierplatten, dann immer im Gafiertal über eine Steilstufe, später rechts des Baches hinaus in das weitverstreute Bergdorf St. Antönien (1420 m, Gasthöfe).

9. Tag: Öfenpaß–Verajöchle–Lünersee–Brand

Zeit	Aufstieg	Abfahrt	höchster Punkt
4 Std.	720 Hm	1430 Hm	2330 m

Charakter und Schwierigkeiten: Aussichtsreiche Höhenroute über zwei Pässe zum Lünersee. Dann folgt als letzter Knalleffekt die Steilstufe (sichere Verhältnisse unbedingt notwendig) ins Seetal.

Die Route: Rechts des Baches durch das langgestreckte Tal in den Öfenpaß (2291 m). Kurz abwärts, dann Gegenanstieg ins Verajöchle (2330 m). Kurzweilige Abfahrt durch das Tälchen zum Lünersee und 1,8 km über die Wasserfläche zur Zollhütte. Es folgt die letzte große und nochmals recht rassige Abfahrt. Erst gerade hinunter, bald aber nach links über den „Bösen Tritt", eine etwas unangenehme Stelle, zu den glatten Steilhängen. Schöne Strecke ins Seetal und die Straße als Richtungsweiser nehmend talaus nach Brand (1037 m).

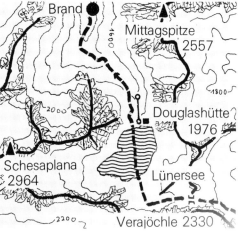

Superskiberg Großer Drusenturm bei der Lindauer Hütte. Rechts eine Gesamtaufnahme mit den Steilhängen des Sporertobels, links ein Detail der Abfahrt mit dem Sporerturm, den das andere Bild nur als kleinen, bescheidenen Zacken inmitten der weißen Fläche zeigt.

Zusatzgipfel – Schesaplana (2964 m): Das wäre ein letzter, würdiger Höhepunkt der Durchquerung. Man müßte dann evtl. in der Douglashütte (1976 m, DAV, nur Winterraum, Schlüssel beim Staumauerwärter am Lünersee) noch einmal übernachten. Großartige, immer wieder von Steilstufen unterbrochene 1000-m-Abfahrt (bis Brand 1930 Hm). Vom Westufer des Sees über den nördlichen Teil des Hanges empor und durch eine Steilmulde zum Totalpseeli. Über die weiten Flächen der Totalpe und über eine felsdurchsetzte Stufe in das auffallende, kleine Südostkar des Gipfels. Durch das Kar von rechts nach links auf die südliche Begrenzungsrippe (unangenehme Stelle) und jenseits mit Ski bis zum höchsten Punkt der Schesaplana (2964 m, Hauptgipfel des Rätikons, 3 Std. Aufstieg).

Zwei zusätzliche Tage in der Westsilvretta: Diese interessante Möglichkeit, die in sehr einsames Bergland führt, soll wenigstens kurz gestreift werden. Der 10. Tag wäre relativ anspruchsvoll mit einer schönen, großen Abfahrt, der 11. Tag entspricht jedoch mehr einer Tour im Voralpenstil. Die Route in Stichpunkten: Vom Verajöchle (siehe 9. Tag) nördlich um die Kirchlispitzen zum Cavelljoch. Sehr lange Querung in den Schesaplana-Südhängen (sicherer Schnee notwendig) zur Schesaplanahütte (1930 m, SAC, offener Winterraum, 6 Std. ab Lindauer Hütte). 10. Tag: Aufstieg ins Salarueljoch (2243 m), schöne Abfahrt am Hirschsee vorbei in den Nenzinger Himmel (1370 m). Nun wieder recht steil empor zum Schopf, kurz nach Norden, dann hinauf ins Sareiserjoch und Abfahrt in die Pistenregion von Malbun (1599 m, Liechtenstein, insgesamt 6 Std., 1040 Hm Aufstieg, 1350 Hm Abfahrt). 11. Tag: Über das Fürkle ins Mattlerjoch (1867 m, Grenze nach Österreich). Abfahrt über Wiesen und Lichtungen zur Inneren Gampalpe, Querung der Hänge zur Äußeren Gampalpe und dem Fahrweg folgend nach Latz. Schließlich auf der Straße nach Nenzing (530 m, Bahnhof) hinab. Insgesamt 4½ Std., 330 Hm Aufstieg, 1000 bis 1250 m Abfahrt je nach Schneelage.

Die Forno-Albigna-Runde

Zwischen den Granitgipfeln des Bergells

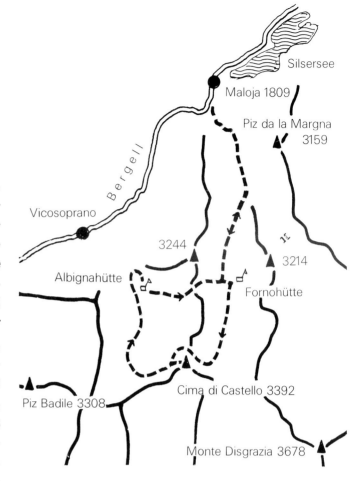

Bergell – dieser Name sagt den Uneingeweihten meist wenig. Aber für den Kenner bedeutet er ein Bergparadies aus Granitgipfeln mit scharfen Graten und Kanten, mit wilden Gletscherbrüchen, mit Routen, an denen sich berühmte Bergsteiger bewährt haben: Cassin, Bonatti, Buhl, Rébuffat. Die 1000-m-Nordwände des Piz Badile oder Cengalo aus dunklem, plattigem Granit suchen ihresgleichen in den Alpen! Kein Wunder, daß sich hier im Sommer die Elite der Kletterer trifft. Im Winter dagegen ist das Bergell noch absolut ruhig, und die hier angeführte dreitägige Rundtour gehört zu den unbekannten in diesem Buch. Heute sind es zwischen Ostern und Pfingsten höchstens ein paar Dutzend Skibergsteiger, die ihre Spuren in die Hänge des oberen Fornobeckens oder des südlichen Castellogletschers legen. Wer Einsamkeit sucht, der findet sie hier in großartiger Landschaft. Die beiden Hütten, die man als Stützpunkte braucht, sind unbewirtschaftet. Dreißig selbständige Gipfel zwischen 2500 und 3600 m Höhe hat das Bergell zu bieten, deren höchster der Monte Disgrazia ist (übrigens aus dem Fornobecken eine Skibergfahrt von über zwölf Stunden Gesamtlänge!) Unsere Rundtour führt durch den zentralen Teil des Bergells, sie sollte am besten ab Mitte April unternommen werden und füllt drei volle Tage aus. Am ersten Tag erfolgt die Anfahrt mit dem Pkw über St. Moritz nach Maloja und der vierstündige Aufstieg vorbei am Cavloc-See und über den flachen Fornogletscher zur Fornohütte. Der zweite Tag bringt dann den langen Marsch ins hintere Fornobecken und den Aufstieg zur Cima di Castello. Sie ist relativ schwierig und zuletzt nur über einen 200 m hohen und 35 Grad steilen Schneehang zu bezwingen. Wenn er hart ist, braucht man Steigeisen, die Skier werden dann natürlich zurückgelassen. Es folgt die 1000-Hm-Abfahrt zum Albignagletscher und der kurze Aufstieg zur Albignahütte hoch über dem Stausee, der seit den 50er Jahren Zürich mit Strom versorgt und doppelt soviel liefert wie etwa das Walchenseekraftwerk. Der dritte Tag führt dann über den Casnilepaß und wiederum 1000 Hm abwärts und hinaus nach Maloja. Man kann natürlich auf der Fornohütte einen zusätzlichen Tag einlegen und den einzigen Modegipfel für Skibergsteiger machen, den Monte Sissone (3330 m). Sehr spät im Frühjahr, wenn die Felsen ausgeapert sind, kann dann noch der Piz Casnile (3189 m) über seinen felsigen Südgrat bestiegen werden (Schwierigkeitsgrad II). —sti—

Zeitbedarf	3 Tage (einschließlich An- und Rückreise).
Abfahrtshöhe	Insgesamt 2500 Hm.
Anreise	Über St. Moritz nach Maloja, wo man das Auto auf einem der vielen Parkplätze stehen läßt; die Rückkehr vollzieht sich auf der gleichen Route wie der Aufstieg.
Stützpunkte	Die beiden SAC-Hütten (Forno- und Albignahütte) sind meist nicht bewirtschaftet (die Fornohütte evtl. über Ostern), aber offen.
Schwierigkeiten	Spaltengefahr im oberen Fornogletscher, steile ostseitige Abfahrt vom Casnilepaß auf den Fornogletscher, die möglichst früh am Vormittag gemacht werden sollte, sonst evtl. Lawinengefahr. Für die Besteigung des Castellogipfels können Steigeisen nötig sein.
Führer/Karten	AV-Skiführer Band 3, Sommerführer Bergell mit einigen Skitourenangaben (beide Rother), Landeskarte der Schweiz, 1:50000, Blatt 268 und 278.

1. Tag: Maloja–Fornohütte

Zeit	Aufstieg	Abfahrt	höchster Punkt
4 Std.	770 Hm	–	2574 m

Charakter und Schwierigkeiten: Reiner Hüttenanstieg zunächst durch die Waldregion oberhalb von Maloja, dann über den flachen und spaltenfreien Fornogletscher und steil hinauf zur Hütte.

Die Route: Vom südlichsten Parkplatz in Maloja auf der Hauptstraße noch 300 m zu Fuß nach Süden, bis links der Weg zur Fornohütte abzweigt (Schilder). Auf ihm über die Wiesenböden in 10 Min. zu einer Brücke. Nun stets auf der anderen Bachseite auf dem schmalen Fahrweg zu dem malerischen Cavloc-See und weiter nach Süden bis zur großen Talverzweigung. Links geht es zum Murettopaß, rechts zur Fornohütte. An dem weithin sichtbaren Einlaufwerk rechts vorbei und in der schüsselartigen Talsohle zur Zunge des Vadret del Forno. Auf dem Gletscher, der hier spaltenfrei ist, hält man sich immer rechts (an seiner Westseite), bis dann auf einer Höhe von 2450 m mehrere Markierungsstangen genau nach Osten auf die andere Seite des Gletschers weisen. 120 m höher in den Felshängen des Monte del Forno steht die Fornohütte (2574 m, SAC, 100 Plätze).

2. Tag: Cima di Castello–Albignagletscher–Albignahütte

Zeit	Aufstieg	Abfahrt	höchster Punkt
8 Std.	1240 Hm	1480 Hm	3392 m

Charakter und Schwierigkeiten: Sehr eindrucksvolle Bergfahrt in einer teilweise recht zerschründeten Gletscherlandschaft und Besteigung des zweithöchsten Bergellgipfels. Teilweise sehr steile und anspruchsvolle Passagen; am 250 m hohen Gipfelaufbau braucht man bei hartem Schnee Steigeisen und Pickel.

Die Route: Von der Hütte südwestlich zunächst über flache Mulden, zuletzt steil hinunter auf den Fornogletscher, hier die Felle anschnallen und über den flachen Gletscher genau nach Süden. Man geht in das hinterste Fornobecken bis auf 2800 m Höhe und erst dann in einer Rechtskurve (nach Nordwesten) ansteigend in Richtung Cima di Castello. Hier größere Spalten, die umgangen werden. Fast bis an die Felsen des Castello-Südgrates heran, dann 50 Hm sehr steil (Skier evtl. tragen) über eine Firnflanke hinauf und nach Norden weiter, in großer, ansteigender Linkskurve auf den Sattel nördlich der Cima di Castello (ca. 3150 m). Von hier aus könnte die Cima Cantone über ihren Südgrat zu Fuß in ¾ Std. erstiegen werden. Von der Scharte 150 Hm nach Westen abfahren und die kleine Einsenkung am Westgrat des Castello erreichen, wo man einfach und mühelos auf den Südlichen Castellogletscher

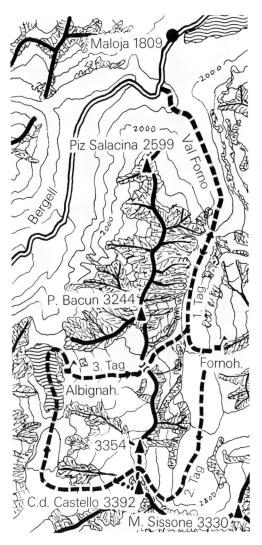

wechseln kann. Über ihn von Südwesten auf den Gipfel hinauf (oben steil, evtl. Skidepot und zu Fuß mit Steigeisen auf den Gipfel). Die Skiabfahrt führt über den Südlichen Castellogletscher und zwar möglichst weit links (südlich) haltend auf den Albignagletscher und diesen flach nach Norden hinaus zum Stausee und weiter fast bis an dessen Nordende. Von hier aus nach Osten 170 Hm hinauf zur Albignahütte (2330 m, SAC, Winterraum offen).

3. Tag: Südlicher Casnilepaß–Fornogletscher–Maloja

Zeit	Aufstieg	Abfahrt	höchster Punkt
7 Std.	600 Hm	1140 Hm	2941 m

Charakter und Schwierigkeiten: Relativ einfacher Paßübergang, nicht vergletschert; die Abfahrt vom Südlichen Casnilepaß ist im Mittelteil ziemlich steil und der Schnee mittags, da die Sonne bereits den ganzen Morgen hineinscheint, evtl. sehr schwer.

Die Route: Von der Albignahütte nach Osten ansteigend, zunächst steiler, bis nach ½ Std. ein flaches Stück erreicht wird. Bald ist man auf dem gut sichtbaren Grat, der vom Gratgipfel, der zwischen den beiden Casnilepässen steht, herabzieht. Man hält sich rechts (südlich) des Grates und steigt in den Südlichen Casnilepaß hinauf (2941 m, auch Pass da Casnil Dadent genannt, von der Hütte bis hierher 3 Std.). Von hier aus bietet sich ein schöner Blick sowohl zurück in das Albigna- als auch nach Osten in das Fornotal. Die Abfahrt führt zunächst über das oben mäßig geneigte Schneefeld nach Nordosten, dann jedoch in der immer steiler werdenden Hauptrinne nach Osten und hinunter auf den Fornogletscher, den man auf Höhe 2500 m erreicht. Ist er in seinem oberen Teil recht flach und skifahrerisch nicht interessant, so befahren wir jetzt seinen nördlichsten Teil, der mäßig geneigt in schönen Hängen hinunter zum Fornobach abfällt. Man fährt weiter am Bach entlang (am besten rechts, östlich davon) zum bereits beim Aufstieg erwähnten Einlaufstausee, steigt kurz östlich daran auf und vorbei und fährt das flache Bachbett, in dem im späten Frühjahr oft riesige Lawinenkegel liegen, hinaus zum Cavloc-See und nach Maloja. Als Zeiten für die Abfahrt vom Casnilepaß zum Fornogletscher sind ½ Std., hinaus bis nach Maloja wegen der vielen flachen Stücke und ganz kurzen Gegenaufstiege nochmals 1½ Std. anzusetzen.

Rund um den Piz Bernina

Im Bereich der höchsten Ostalpenberge

Die Berninagruppe ist das am stärksten vergletscherte Gebirge der Ostalpen.

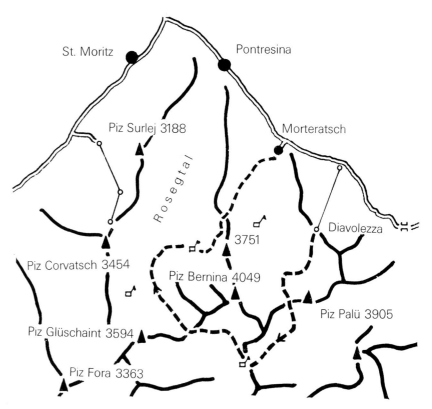

Die Grenze zwischen den Ost- und Westalpen liegt mit der Linie Rheintal – Splügenpaß – Comersee seit sehr langer Zeit fest, und doch rechnet mancher die Berninagruppe noch der falschen Region zu. Ob wohl das Aussehen dieser gewaltigen, bis über 4000 m hoch aufragenden Berge daran schuld ist? Gipfel wie Piz Bernina, Piz Palü und Piz Roseg können sich durchaus mit den Großen im Wallis, in den Berner Alpen, in der Montblancgruppe messen. Das Eis bestimmt den Charakter, es füllt als mächtige Gletscherströme Täler und Kare, es bedeckt manchen der hohen Kämme – man denke nur an den Biancograt – und es wallt in Kaskaden über die oft reichlich wilden Wände herab. Also gewissermaßen ein Ostalpenberggruppe im Westalpenmantel. Die Bernina gehört im Sommer durchaus zu den Traumzielen vieler guter Bergsteiger, während es im Skifrühling dort erstaunlich still und menschenleer bleibt. Die Gründe dafür liegen auf der Hand. Man braucht sich nur ein Foto des Sella-Beckens anzuschauen, das neben dem Piz Palü noch das beliebteste Tourengebiet ist. Die oberen Teile des gemeinsamen Gletschers von Roseg und Sella bilden kaum noch glatte Flächen, sie sind vielmehr aufgelöst in ein Gewirr von Spalten und Brüchen. Der Skifahrer muß sich mühsam und kunstvoll hindurchschlängeln; wegen der Spaltengefahr wäre hier das Gehen am Seil ratsam, was ja bekanntlich viele regelrecht hassen (und deshalb unterlassen). Und die Berge selbst verteidigen sich oft durch hohe Gipfelaufbauten, deren Überwinden einen recht erfahrenen Alpinisten erfordert. Auch die Route um den Piz Bernina wird nicht allzu oft begangen, obwohl sie zu den eindrucksvollsten Bergfahrten im Alpenraum zählt. Hier wird für alles gleichmäßig gesorgt, für das Schauen, das Bergsteigen, das Skifahren… Wegen des wirklich anspruchsvollen Zugangs zur Fuorcla Bellavista ist die Ostwestrichtung die günstigere. Und wem unsere drei Tage zu wenig erscheinen, der kann den Vadret da Roseg zur achteckigen Coazhütte (2616 m) queren, am nächsten Morgen den Chapütschin (3386 m) besteigen und dann in die Val Roseg hinabfahren.

—ds—

Zeitbedarf	3¼ Tage.
Abfahrtshöhe	Insgesamt 3690 Hm.
Anreise	Man startet bei Bernina Suot im oberen Berninatal mit der Seilbahnfahrt zur Diavolezza. Zufahrt von Pontresina mit Pkw oder Bahn.
Rückreise	Zwischen Morteratsch und der Diavolezzabahn verkehren Züge.
Stützpunkte	Man sollte sich vorher in Pontresina erkundigen, ob die Hütten bewirtschaftet sind. Sonst gibt es nur Winterräume.
Anforderungen	Sehr hochalpine Bergfahrt im Westalpenstil über weite, teilweise spaltenreiche Gletscher. Eisausrüstung notwendig. Jedoch keine allzu langen Etappen. Große Gefahr des Verirrens bei Nebel.
Tips/Hinweise	Die Tour eignet sich für Frühjahr und Frühsommer. Grenzüberschreitungen.
Führer/Karten	Skitouren im Engadin (Steiger), Landeskarte der Schweiz 1:50000, Blatt 268 mit Skirouten.

Man sollte am Vorabend mit der Bahn zur Diavolezza (2973 m, privat) hinauffahren und dort oben übernachten.

1. Tag: Diavolezza–Fuorcla Bellavista–Marinellihütte

Zeit	Aufstieg	Abfahrt	höchster Punkt
5 Std.	920 Hm	980 Hm	3688 m

Charakter und Schwierigkeiten: Der Tag gliedert sich in zwei fast gegensätzliche Abschnitte – in einen hochalpinen, sehr anspruchsvollen Aufstieg mit einer Kletterpassage inmitten einer wilden Eislandschaft und umgeben von so berühmten Bergen wie Piz Palü und Piz Bernina (4049 m), und in eine Abfahrt über „endlos weite" Gletscherböden.

Die Route: Von der Diavolezza steil auf den Vadret Pers hinab und diagonal über die weiten Böden, dann auf den Fortezzagrat südlich der Rifugi dals Chamuotschs. Immer über die teilweise schmale Schneide (100 m hoher Steilaufschwung mit Kletterei bis II), erst in 3660 m Höhe links durch die Steilflanke (unterhalb Abbrüche) zur Fuorcla Bellavista (3688 m, Grenze). Meist sanfte Abfahrt über den Passo di Sasso Rosso (Biwak) bis unter den Passo Marinelli occidentale (Spalten, bei Nebel nicht zu finden). Kurze, sehr steile Stufe zur Capanna Marinelli (2813 m, CAI). Evtl. kann man auch in den Biwakschachteln am Sasso Rosso und unter dem Sellapaß nächtigen.

Gipfel am Weg – Bellavista-Ostgipfel (3804 m): Von der Route in 30 Min. über die Nordseite auf den kleinen Gipfel.

Große Gletscherlandschaft der Berninagruppe: Piz Palü (3905 m) mit seiner Nordwand.

2. Tag: Fuorcla da la Sella–Tschiervahütte

Zeit	Aufstieg	Abfahrt	höchster Punkt
5 Std.	1000 Hm	1240 Hm	3269 m

Charakter und Schwierigkeiten: Gewaltige, an die Westalpen erinnernde Fels- und Eislandschaft in unmittelbarer Nähe

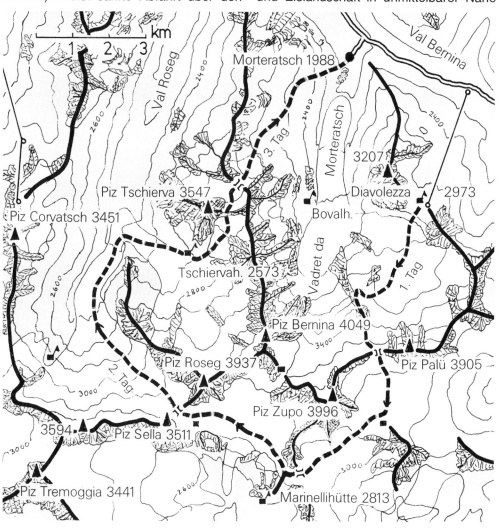

der großen Berninagipfel, sehr weite Gletscherflächen mit Spaltenzonen.

Die Route: Von der Hütte über die Stufe wieder hinauf in den Passo Marinelli occidentale. Man quert dann – anfangs kaum steigend – den Vedretta di Scerscen superiore und erreicht unter der riesigen Südwand des Piz Roseg (3937 m) hindurch die Fuorcla da la Sella (3269 m, Grenze). Große Gletscherabfahrt über den Vadret da la Sella (den unteren Bruch evtl. links umfahren) bis in 2150 m Höhe. Gegenanstieg zur Tschiervahütte (2573 m, SAC) über den gleichnamigen Gletscher.

Bernina-Südseite: Oberhalb der Marinellihütte, dahinter die Südwände von Piz Roseg und Scerscen, links der Sellapaß (Fuorcla da la Sella).

Gipfel am Weg – Piz Sella (3511 m): Dieser abgerundete Eisdom läßt sich von der Fuorcla aus in 1 Std. ganz mit Ski besteigen.

3. Tag: Crasta da Boval–Chünetta–Morteratsch

Zeit	Aufstieg	Abfahrt	höchster Punkt
4½ Std.	800 Hm	1470 Hm	3336 m

Charakter und Schwierigkeiten: Anspruchsvolle Hochtour mit einigen recht steilen Passagen, sichere Verhältnisse wichtig. Einsames Gelände.

Die Route: Die hohe Steilstufe zum Vadrettin da Tschierva überwindet man etwa 500 m südlich der Hütte durch zwei Steilmulden. Dann problemlos in die Fuorcla Tschierva-Misaun (3336 m). Nächstes Ziel: die tiefste Scharte (3208 m) in der Crasta da Boval. Die Ski trägt man von dort über die erste Stufe hinab; dann beginnt eine herrliche Abfahrt. Man hält sich stets links durch kleine Mulden und fährt schließlich sehr steil die glatten Osthänge zur Chünetta und weiter nach Morteratsch (1988 m) ab.

Gipfel am Weg – Piz Tschierva (3547 m): Idealer Ski- und herrlicher Aussichtsberg. Von der obersten Scharte über das breite Dach in 45 Min.

Durch die Albulaberge

Unbekanntes Skiland im Engadin

„Bündner-Haute-Route" wird die Durchquerung der Albulaberge manchmal etwas überschwänglich benannt. In Wirklichkeit führt sie nur durch einen recht bescheidenen Teil des größten Schweizer Kantons. Aber das schmälert natürlich nicht den Reiz dieser Genußtour ohne Dramatik und allzu große Schwierigkeiten. In fünf Tagen durchquert man diese, das Oberengadin westlich begleitende Berggruppe, der die Karböden, die kleinen Gletscherbecken und die oft wuchtigen Felsgipfel das Gepräge geben. Verschiedenartige Gesteinsschichten von sehr dunklen Gneisen wie am Piz Kesch bis hin zu bizarr verwitterten Kalken, die man am gewaltigen Piz Ela oder in der Ducangruppe trifft, beleben die Landschaft. Mancher dieser Gipfel ist auch ein lockendes Skiziel, so daß es sich lohnt, ein paar Tage mehr einzuplanen, um von der einen oder anderen Hütte aus noch Zusatztouren zu unternehmen. In den vier SAC-Hütten läßt es sich auch gut logieren, da sie – von der Osterzeit einmal abgesehen – selten überfüllt sind. Die Albula-Durchquerung ist überhaupt eine Tour für den Genießer. Sie bietet wunderschöne lange Abfahrten, die nur selten unangenehm von Spuren zerfurcht sind; an jedem Tourentag läßt sich ein Gipfel besteigen, und die Wege sind nicht weiter als vier Gehstunden. Hier macht nur der zweite Tag eine Ausnahme, muß man an ihm doch zwei Aufstiege bewältigen. Nur mit dem Gepäck ist das so eine Frage. Sind die Hütten bewirtschaftet, dann braucht man nicht viel Essen mit sich herumzuschleppen. Außerdem – wie sind die Verhältnisse am Piz Kesch? Benötigt man Pickel, Seil und Steigeisen? Hat man keine Eisausrüstung dabei und trifft zufällig auf harten Schnee oder auf Eis, dann wird man auf den König der Albulaberge verzichten müssen und sich etwa mit einem Piz Porchabella (3079 m) als Ersatz zufriedengeben. März, April wären wohl die idealen Monate, man kann die Tour auch noch im Mai durchführen. Es sollten jedoch lawinensichere Verhältnisse und nebelfreies Wetter herrschen. —sti—

Zeitbedarf	5 Tage. Von den Hütten lassen sich an Zusatztagen schöne Gipfel wie der Piz Calderas, 3397 m, besteigen.
Abfahrtshöhe	Insgesamt 5500 Hm.
Anreise	Durch das Engadin ins weltberühmte St. Moritz (1822 m); dorthin auch von Chur im Rheintal über die Lenzerheide und den Julierpaß.
Rückreise	Mit der Bahn von Zernez oder Susch zurück nach St. Moritz. Zugverbindung etwa alle 2 Stunden.
Stützpunkte	Vier Hütten des SAC. Die Jenatsch-Hütte ist ab März ständig, die drei anderen sind nur bei schönem Wetter bewirtschaftet. Es empfiehlt sich, deshalb auf jeder Hütte über die Verhältnisse auf der nächsten Hütte zu informieren (alle haben Telefon). Wenn man eine größere Gruppe anmeldet, kommen die Hüttenwarte herauf.
Anforderungen	Trotz der Höhen um 3000 Meter stellen die Touren nur mittlere Anforderungen. Es ist jedoch auf die Lawinengefahr und vor allem auf nebelfreies Wetter zu achten. Karten zur Orientierung mitnehmen!
Tips/Hinweise	Bei guten Bedingungen kann man die Tour durchaus schon im März anpacken. Doch dank der großen Höhe eignet sie sich auch noch für den Mai.
Führer/Karten	Skitouren im Engadin (Steiger-Verlag); Schweizer Landeskarte 1:50 000, Blatt 258, evtl. 259, und 268.

1. Tag: St. Moritz–Piz Nair– Traunter-ovas–Jenatschhütte

Zeit	Aufstieg	Abfahrt	höchster Punkt
4½ Std.	630 Hm	1030 Hm	3050 m

Charakter und Schwierigkeiten: Ein Hüttenzugang mit 1000 m Abfahrt – das gibt es nur selten! Der Übergang über die Fuorcla Traunter-ovas ist ziemlich steil, sonst führt diese Route durch weites, offenes Gelände.

Die Route: Von St. Moritz mit den Bahnen über Corviglia auf den Piz Nair (3057 m). Abfahrt in den Paß Suvretta. Etwas links ausholend steil in die Fuorcla Traunterovas (Fuorcla Suvretta, 2968 m). Drüben über eine kurze Stufe hinab, dann Abfahrt über den Gletscher bis in 2780 m Höhe und Gegenanstieg in den weiten Sattel nördlich des Piz Surgonda. In einem langgestreckten Bogen unter den Felsen des Piz Picuogl (Lawinenstrich) hindurch zur Jenatschhütte (Chamanna Jenatsch, 2652 m, SAC, 80 Plätze).

Gipfel am Weg: Von dem erwähnten weiten Sattel läßt sich der Piz Surgonda (3197 m) mühelos in 30 Min. besteigen.

2. Tag: Piz Laviner–Val Mulix– Preda–Madulain–Es-chahütte

Zeit	Aufstieg	Abfahrt	höchster Punkt
6 Std.	1380 Hm	1520 Hm	3010 m

Charakter und Schwierigkeiten: Schöner (im unteren Teil lawinengefährlicher) Aufstieg auf den Piz Laviner, 2 Std.; genußvolle Abfahrt durch das Val Mulix nach Preda (Bahnstation), Zugfahrt von Preda bis Madulain, hier Einkaufsmöglichkeit, 3stündiger Aufstieg zur Es-chahütte.

Die Route: Von der Jürg-Jenatsch-Hütte zunächst leicht abfahrend den langen Osthang des Piz Jenatsch queren; sobald man die Hütte nicht mehr sieht, wieder leicht ansteigen und in das Hochkar von Laviner hinein, durch das man dann nach Nordwesten ansteigt. Jedoch nicht auf die Scharte hinauf und die verlockenden Hänge nach

Auf den weiten, sanften Flächen des Vadret da Porchabella. Darüber die Nordflanke des Piz Kesch. Vor dem Hauptkamm mit der Keschnadel der Nordostgrat, von dem die steile Aufstiegsflanke zum Gipfel führt.

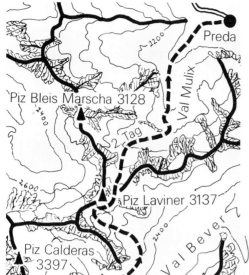

3. Tag: Porta d'Es-cha – Keschhütte

Zeit	Aufstieg	Abfahrt	höchster Punkt
2½ Std.	450 Hm	410 Hm	3008 m

Charakter und Schwierigkeiten: Der Hüttenübergang besteht aus zwei fast gegensätzlichen Abschnitten, einem teilweise steilen, südostseitigen Aufstieg, den man nur bei sicheren Verhältnissen begehen sollte, und einer sanften Abfahrt über weite Gletscherflächen. Eine Besteigung des Piz Kesch, des höchsten Albulaberges, wäre eine echte Krönung dieser Tourentage.

Die Route: Von der Hütte anfangs auf, später westlich neben dem Moränenrücken bis in eine kleine Scharte (über einem die Keschnadel, ein auffallend dunkler Felsobelisk). Nun auf die Ostseite hinüber und rechts der Fallinie über den äußerst steilen Hang in die Porta d'Es-cha (3008 m). Gemütliche Abfahrt über den Porchabellagletscher und kurzer Gegenanstieg zur Keschhütte (Chamanna digl Kesch, 2632 m, SAC, 80 Plätze, bei Nebel schwer zu finden).

Gipfel am Weg – Piz Kesch (3418 m): Dieser dunkle, seine Umgebung gewaltig überragende Felsbau läßt sich auch zur Skitourenzeit besteigen. Das ist jedoch sowohl bei hartem Schnee und Eis wie auch bei viel Neuschnee eine heikle oder sogar gefährliche Angelegenheit, da der 170 m hohe Gipfelaufbau sehr steil ist (evtl. Pickel und Steigeisen notwendig). Man steigt durch das Ostkar so hoch wie möglich mit den Skiern an. Dann sehr steil zu Fuß durch den rechten Teil der felsdurchsetzten Ostflanke auf den Gipfel (hindernisloser Rundblick, 1½ Std. Aufstieg).

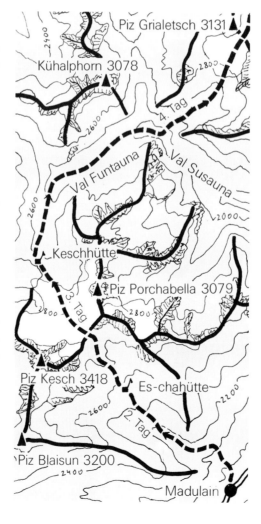

4. Tag: Alp Funtauna – Fuorcla Vallorgia – Grialetschhütte

Zeit	Aufstieg	Abfahrt	höchster Punkt
4 Std.	780 Hm	860 Hm	2969 m

Charakter und Schwierigkeiten: Zunächst flache Abfahrt durch ein Tal, dann Anstieg durch die Vallorgia zur gleichnamigen Scharte und schließlich genußvolle Abfahrt zur Grialetschhütte.

Die Route: Abfahrt von der Keschhütte, ½ Std. hinaus ins Val Funtauna zur Alp Funtauna (2192 m). Wenig später biegt das Tal nach Südosten ab, auf der Karte Val Susauna genannt; wir steigen jedoch nach Nordosten durch die Vallorgia auf, zunächst links, dann rechts des Vallorgiabaches in einen flacheren Boden. Gerade über eine 200 m hohe Stufe auf den flachen Vallorgiagletscher; zuletzt steil auf die Fuorcla Vallorgia (2969 m) südöstlich des Piz Grialetsch. Erst nach Nordosten, dann nach Norden in schöner Abfahrt über den weiten Grialetschgletscher bis in 2660 m Höhe. Querung nach links (wichtig!) zu

Nordosten abfahren (diese Abfahrt führt nach Tinizong im Oberhalbstein), sondern östlich unterhalb des Gratrückens weiter und nach 20 Min. in großer Linkskurve auf die Fuorcla Laviner (3010 m) und zu Fuß von Norden auf den Gipfel (3137 m, 2 Std. ab der Hütte). Von hier aus Abfahrt durch das Val Mulix zum Almdorf Naz an der Albulastraße und 1 km Straßenwanderung zur Bahnstation Preda. Die Zugverbindung nach Bever und weiter nach Madulain hat man schon anhand des Fahrplanes auf der Jenatsch-Hütte herausgeschrieben. In Madulain verläßt man den Bahnhof nach Westen, erreicht nach ca. 100 m den alten Ortskern und findet dort die Hinweise für den Aufstieg zur Es-chahütte: direkt nach Nordwesten, zunächst über die Wiesen oberhalb des Ortes, dann entlang der Fahrstraße weiter durch Wald und weiter oben über freies Gelände und zuletzt über eine Steilstufe hinauf zur Es-chahütte (Chamanna d'Es-cha, 2594 m, SAC, 40 Plätze, offen, nicht immer bewirtschaftet). Der Aufstieg dauert 2½ bis 3 Std. und stellt (nachdem man noch Aufstieg und Abfahrt vom Piz Laviner in den Beinen spürt) den anstrengendsten Teil der gesamten Tour dar.

Punkt 2668. Links von ihm über eine sehr steile Stufe und weiter zur nahen Grialetschhütte (Chamanna da Grialetsch, 2542 m, SAC, 50 Plätze).

Gipfel am Weg – Piz Grialetsch (3131 m): Von der Fuorcla Vallorgia etwas nördlich ausholend auf die Schulter oberhalb der Scharte. Unter den Gipfelfelsen nach links und durch eine ganz kurze Rinne auf den Westgrat. Über den teilweise schmalen Grat zu Fuß zum höchsten Punkt. 40 Min. Aufstieg.

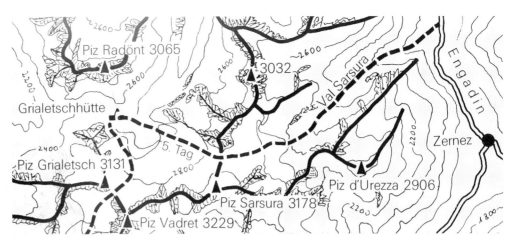

5. Tag: Fuorcla Sarsura– Val Sarsura–Engadin

Zeit	Aufstieg	Abfahrt	höchster Punkt
4 Std.	540 Hm	1630 Hm	2923 m

Charakter und Schwierigkeiten: Die Riesenabfahrt durch das Val Sarsura läßt sich noch um ein Stück verlängern, wenn man den Albula-Superskiberg Piz Sarsura besteigt, wozu einem diese kurze Etappe ja reichlich Zeit läßt. Doch Vorsicht! Das nach Osten ausgerichtete Tal ist im unteren Abschnitt stark von Lawinen bestrichen; deshalb früh aufbrechen!

Die Route: Von der Hütte in den obersten Boden des Val Grialetsch hinab, dann Aufstieg über die nur mäßig geneigten Hänge und Gletscherflächen in die Fuorcla Sarsura (2923 m, Wächte nach Osten). Rechts über die ganz kurze Stufe, dann im herrlich weiten Gelände über teilweise glatte, teilweise stark gegliederte Hänge in den unteren, scharf eingeschnittenen Teil des Sarsuratales mit seinen Lawinenstrichen hinab. Ab der Waldgrenze links des Baches auf dem Weg nach Crastatscha Sura und links über Lichtungen zur Bahn und Straße hinab. Bitterer Ausklang: gut 2 km Straßenmarsch nach Susch.

Gipfel am Weg – Piz Sarsura (3178 m): Der weiträumige Vadret Sarsura, der am Schluß ein richtiges Gletscherdach bildet, zieht bis unmittelbar unter den Gipfel empor. Man erreicht ihn nach kurzer, steiler Querung von der Fuorcla Sarsura. 45 Min. Aufstieg.

Vadret und Piz Grialetsch, ein lohnender Skidreitausender, der sich am 4. Tag von der Fuorcla Vallorgia (ganz links am Bildrand) leicht und schnell „mitnehmen" läßt.

Die Westflanke des Monte Cevedale über dem Cedectal, links oben die zur Casatihütte führenden Spuren. Rechts der Colle del Pasquale, über den man den Monte Pasquale besteigt.

Hochalpine Ortlertage

Große Touren zwischen Sulden und Fornobecken

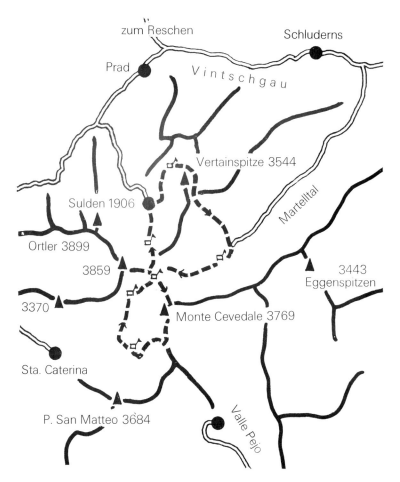

Der Ortler ist der König – im Lied, in den Sagen, in den Schilderungen begeisterter Bergsteiger, aber auch, was die nüchternen Zahlenangaben der Geographen betrifft: die Ortlergruppe ist das zweithöchste Gebirge der Ostalpen, und bis 1918 war der Ortler der höchste Berg Österreichs. Neben ihm steht die Königsspitze – ein königliches Brüderpaar, das hoch über Sulden thront! Neben den Ötztaler Alpen und der Bernina gehört die Ortlergruppe zu den am stärksten vergletscherten Gebieten der Ostalpen, und knapp hundert Gipfel sind über 3000 m hoch – kein Wunder, daß dieses Gebiet eines der faszinierendsten der Alpen ist und daß sich gerade im Frühjahr immer mehr Skibergsteiger hier ein Stelldichein geben. Dafür bieten sich die fünf Hütten des Club Alpino Italiano (CAI), die alle der Sektion Mailand gehören, als einzelne Standorte für eine ganze Woche Gipfelsammeln und Tiefschneefahren an; man kann sie aber auch zu einer Rundtour kombinieren, die vier Tage dauert. Das ist eine richtige Haute Route über sechs Pässe zwischen 3254 m und 3449 m, über viele, weiträumige, teilweise spaltenreiche Gletscher und über drei gewaltige Gipfel. Den Höhepunkt bietet der dritte Tag mit einer Gipfelkombination, für die es in diesem Buch kein Gegenstück gibt. „Eine Tour im hohen Eis" hätten unsere Großväter gesagt: Ein Übergang vom 3778 m hohen Monte Cevedale zum 3704 m hohen Palon della Mare mit begeisternd freiem Blick, der im Osten von Dolomiten und Brenta, im Westen von der gar nicht so weit entfernten Bernina beherrscht wird. Beste Zeit ist ab Mitte März bis Mai oder sogar noch bis Mitte Juni, da die hohe Lage dieser Routen auch im Frühsommer guten Firn garantiert. Gletscherausrüstung und auch Steigeisen sind allerdings Voraussetzung, und dazu natürlich gutes Wetter und gute Orientierungsfähigkeit, denn Gletscher und Hochflächen sind weitläufig und wegen der Vielzahl der Möglichkeiten sind Spuren nur bei den bekannten Routen zu erwarten. Allzu viele Skifahrer sind es außerdem nicht, die hier unterwegs sind, nicht zuletzt wegen der weiten Anfahrtswege für Bergsteiger aus dem süddeutschen Raum. Die Hütten fand ich bei mehreren Besuchen niemals überfüllt, dafür aber gemütlich, gut und preiswert geführt, und der ausgezeichnete Rotwein (billiger als Bier oder Mineralwasser) verhilft jedem Tourentag zu einem würdigen und fröhlichen Abschluß. —sti—

Zeitbedarf	4 Tage.
Abfahrtshöhe	Insgesamt 4500 Hm.
Anreise	Über den Reschenpaß oder auch über Meran in den Obervintschgau und nach Sulden (1900 m). Hier beginnt und endet die Rundtour.
Stützpunkte	Zaytal-(Düsseldorfer) Hütte (über Ostern bewirtschaftet); Zufallhütte (bewirtschaftet ab März), Casatihütte (Bewirtschaftung fraglich und von Jahr zu Jahr unterschiedlich), Branca- und Pizzinihütte (bewirtschaftet ab März).
Anforderungen	Touren in sehr großen Höhen (bis 3778 m) und auf gewaltigen, teilweise spaltenreichen Gletschern (Eisausrüstung notwendig). Gute Kondition Voraussetzung! Die Abschnitte zwei und drei werden nicht so häufig begangen; man braucht dort unbedingt gutes Wetter für die Orientierung (vor allem am Cevedale und Palon della Mare).
Hinweis	Im Tourenbereich jeder der genannten Hütten gibt es mehrere lohnende Skidreitausender. Ausgesprochene Frühlingstouren (Ende März bis Mai).
Führer/Karten	Skikarte 1:50000 sowie Skiführer Ortlergruppe des Bergverlages Rudolf Rother.

Ein sehr informativer Blick vom Monte Pasquale in das Fornobecken der südlichen Ortlergruppe. In der Umrahmung steht ein Halbdutzend mächtiger Eisgipfel – sehr interessante Ziele! Im Bild rechts die Punta San Matteo (3684 m); die Spur führt zum Bärenpaß.

1. Tag: Sulden–Kanzel–Zaytalhütte

Zeit	Aufstieg	Abfahrt	höchster Punkt
1½ Std.	470 Hm	–	2721 m

Charakter und Schwierigkeiten: Relativ kurzer Hüttenaufstieg. Falls der Wirt oben ist (in Sulden erkundigen), besteht Rucksacktransportmöglichkeit mit der Materialseilbahn.

Die Route: Die Talstation des Kanzelliftes liegt an der obersten Straße Innersuldens. Von der Bergstation (2350 m) nur leicht steigend quer durch die Hänge (Lawinenstriche) bis unter die Hütte und über eine kurze Stufe zu ihr hinauf. Düsseldorfer Hütte oder Zaytalhütte (2721 m, CAI, 50 Plätze) in herrlicher Lage vis-à-vis von Ortler und Königsspitze. Ein Aufstieg ohne Lifthilfe dauert 2½ Std.

2. Tag: Angelusscharte–Rosimjoch–Pedertal–Zufallhütte

Zeit	Aufstieg	Abfahrt	höchster Punkt
5 Std.	840 Hm	1300 Hm	3394 m

Charakter und Schwierigkeiten: Überquerung von vier Gletschern und drei Pässen, wobei der erste (Angelusscharte) nach starken Neuschneefällen lawinengefährlich ist. Gute Sicht und Orientierungsvermögen nötig, da dieser Übergang relativ selten begangen wird und Spuren kaum vorhanden sind.

Die Route: Von der Düsseldorfer Hütte zunächst einige Minuten taleinwärts, dann im Rechtsbogen auf den Zayferner und über ihn in die Angelusscharte (3337 m, 2 Std. von der Hütte). Nun genau nach Süden über den Laaserferner ins Rosimjoch (3288 m) hinüberqueren, jenseits über den Rosimferner das Massiv der Schildspitze westlich umgehen, und kurz in das Schildjoch (3394 m) ansteigen. Man fährt nun

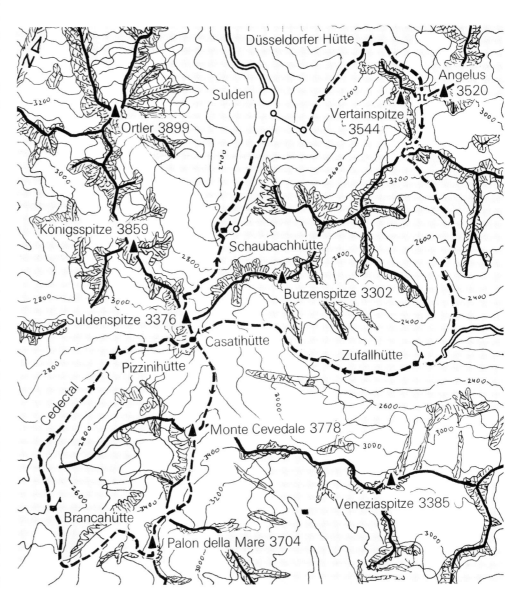

vom Joch über den Mittleren Pederferner ab; sobald man die Waldstufe erreicht hat, wird es eng, und etwa auf Höhe 2420 m wechselt man über eine kleine Brücke auf die Nordseite des Baches hinüber, quert 10 Min. flach nach Osten zu einigen verfallenen Almhütten, zu denen ein Sommerweg (im unteren Teil eine schmale Fahrstraße) heraufkommt. Diesen hinunter bis zur Straße im Martelltal und kurz empor zum Parkplatz am Straßenende. Von dort folgt man dem üblichen Hüttenweg und erreicht nach 30 Min. die Zufallhütte (Rifugio Nino Corsi, 2265 m, CAI, 120 Plätze).

Gipfel am Weg – Hoher Angelus (3520 m): Von der Angelusscharte über den Firn- und Felsgrat zu Fuß (bei guten Verhältnissen keine Schwierigkeiten) auf den mächtigen, sehr aussichtsreichen Gipfel, 40 Min.

3. Tag: Monte Cevedale–Palon della Mare–Brancahütte

Zeit	Aufstieg	Abfahrt	höchster Punkt
8 Std.	1800 Hm	1510 Hm	3778 m

Charakter und Schwierigkeiten: Die Besteigung des Monte Cevedale über die weiten Gletscherflächen (Spalten) gehört zu den ausgesprochen beliebten Frühjahrsfahrten, bei der die große Höhe am ehesten Schwierigkeiten bereitet. Doch der Übergang zur Brancahütte über den Palon della Mare ist eine ernste, anspruchsvolle aber auch besonders großartige Hochtour. Sie erfordert eine ausgezeichnete Kondition und einwandfreies Wetter, denn ein Verirren in dieser Eislandschaft könnte verhängnisvoll werden.

Die Route: Von der Hütte talein und über eine Steilstufe zur Staumauer, die man rechts passiert. In dem nun ganz flachen Gelände zum Langenferner. Über ihn sanft aufwärts gegen den Eisseepaß und dann allmählich nach links zur Casatihütte (3254 m, CAI, 200 Plätze, nicht sehr gemütlich, ab Mitte März bewirtschaftet). Hier kann man evtl. noch einmal übernachten, um den sehr langen Übergang in zwei Teilen durchzuführen. Anfangs über einen gewölbten Gletscherrücken, dann durch ein Becken empor zum Bergschrund. Mit geschulterten Skiern über die Firnstufe in den weiten Sattel und nach rechts auf den

Beim Weg zwischen Schaubachhütte und Suldenspitze bieten die Eisabbrüche des Suldenferners einen besonders malerischen Anblick.

Gipfel des gewaltigen Monte Cevedale (3778 m). Längs des vergletscherten Südgrates zum Passo Rosole hinab, östlich ziemlich tief unter dem Monte Rosole hindurch und empor in den Col della Mare (3449 m), wo das Bivacco Colombo steht. Über Firnhänge auf den Palon della Mare (3704 m). Es folgen herrliche Hänge von 1000 m Höhe, die jedoch wegen der Südwestlage nicht immer den besten Schnee bieten. Vom Gipfel kurz über den Südgrat, dann nach rechts auf den Mare-Gletscher. Über mehrere Stufen (Spalten) zur Zunge hinab. Durch die rechte der beiden Steilmulden zum Rand des Fornogletschers, doch nicht auf ihm, sondern rechts längs der Moräne nach Norden zur Brancahütte (2493 m, CAI, 50 Plätze, im Frühjahr bewirtschaftet). Sie ist auch Ausgangspunkt für sehr eindrucksvolle, hochalpine Gletscherfahrten auf so stattliche Gipfel wie die Punta San Matteo (3684 m) und den Pizzo Tresero (3602 m).

4. Tag: Casati–Suldenspitze–Sulden

Zeit	Aufstieg	Abfahrt	höchster Punkt
5½ Std.	1080 Hm	1660 Hm	3376 m

Charakter und Schwierigkeiten: Der Abschlußtag bietet nochmals eine rassige Gletscherabfahrt (Spalten), die unbedingt sicheren Schnee erfordert. Bergsteigerisches Können notwendig.

Die Route: Von der Brancahütte ein Stück talaus, dann wieder empor zur Pizzinihütte (2706 m, CAI, 80 Plätze, im Frühjahr bewirtschaftet) und den stets sehr vielen Spuren folgend am Schluß steil zur Casatihütte hinauf. Nun kann man entweder zum Eisseepaß hinüberfahren oder – viel lohnender – seine Skier über den unschwierigen Südgrat auf die Suldenspitze (3376 m) tragen. Etwas nordwestlich des Gipfels beginnt die ausgesprochen rassige Abfahrt über den Suldenferner (immer rechts bleiben, Vorsicht Spalten!) zur Schaubachhütte, wo man in den Bereich der Pistenfahrer gerät. Hinab nach Sulden.

Die klassische Ötztaler Runde

Skitouren in großer Gletscherlandschaft

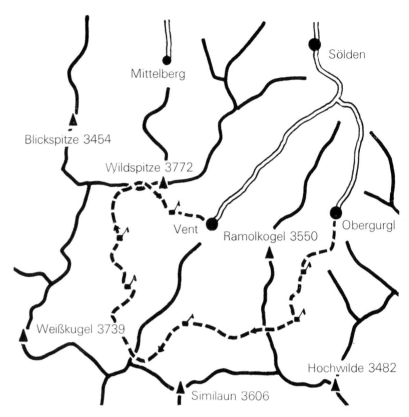

Schon seit Generationen ist die klassische Ötztaler-Durchquerung das große Abenteuer für Skibergsteiger. Hier stehen die meisten Dreitausender der Ostalpen. Fünf, acht oder vierzehn Tage im großen Eis könnte die Überschrift für dieses Kapitel lauten, denn mit 86 Gletschern gehören die Ötztaler zu den am stärksten vergletscherten Gebieten der Alpen. Neunzig Gipfel sind über 3000 m hoch, und von den zwanzig höchsten Bergen Österreichs stehen allein fünfzehn in den Ötztalern, und von diesen können zwölf im Winter von Skibergsteigern erklommen werden! Superlative über Superlative! Kein Wunder, daß unserer Rundtour die Nummer eins ist, was ihre Besucherzahlen betrifft. Und weil die Ötztaler Alpen ein so großes und attraktives Gebiet sind, stehen hier auch die meisten Alpenvereinshütten: 25 insgesamt, wobei sehr große Häuser darunter sind. Die hier genannten vier Hütten bieten zusammen etwa 500 Übernachtungsplätze. Aber sie reichen an Wochenenden und über Ostern nicht aus. Das sei gleich als Warnung Nummer eins vorausgestellt: Die Hütten sind zwar komfortabel und ab Anfang März oder Ostern voll bewirtschaftet, aber häufig recht voll. Warnung Nummer zwei betrifft die Gletscherspalten. Immer wieder ereignen sich tödliche Spaltenstürze, denn die Gletscher sind zerrissen, und die vielen vorhandenen Spuren täuschen Sicherheit nur vor. Deshalb nach Möglichkeit angeseilt gehen, auch wenn das andere Gruppen unterlassen! Unsere Durchquerung ist auf fünf Tage angelegt, wobei jedoch nur wenige Gipfel direkt am Weg liegen und mit geringem Zeitaufwand zusätzlich bestiegen werden. Von jeder der genannten Hütten lassen sich weitere Skidreitausender besteigen, und es sei dringend empfohlen, dafür zusätzliche Tage einzuplanen. Die hier genannten vier Hütten sind zwar die wichtigsten und bekanntesten Ötztaler Stützpunkte, aber darüber hinaus seien weitere fünf Häuser mit ihren schönen Skigipfeln empfohlen, die sich ebenso für erlebnisreiche Tourentage anbieten: Riffelsee-, Taschach-, Gepatsch-, Weißkugel- und Braunschweiger Hütte (die trotz ihrer leichten Erreichbarkeit durch die Pitztaler Gletscherbahn großartige Skigipfel bietet). —sti—

Zeitbedarf	Fünf Tage. Von allen Hütten bieten sich sehr lohnende zusätzliche Gipfeltouren an wie Similaun und Weißkugel.
Abfahrtshöhe	Insgesamt 4300 Hm.
Anreise	Durch das gesamte Ötztal nach Obergurgl (1910 m), großer Parkplatz am Ortseingang.
Rückreise	Von Vent mit Bus (oder Taxi) hinab nach Zwieselstein und mit einem anderen Bus zurück zum Ausgangspunkt (20 km).
Stützpunkte	Die vier Alpenvereinshütten sind zur Tourensaison (meist ab März) voll bewirtschaftet.
Anforderungen	Touren in großer Höhe und über weite Gletscher, deshalb Eisausrüstung notwendig, doch keine technischen Schwierigkeiten.
Tips/Hinweise	Diese beliebte Tour gehört zu den klassischen Durchquerungen für das Frühjahr; bester Monat ist April.
Führer/Karten	AV-Karten 1:25000, Blatt Gurgl und Blatt Weißkugel; Ostalpen-Skiführer Band 3 (Rother).

Links die Langtalereckhütte, rechts unten das Gurgler Tal, im Hintergrund der Schalfkogel.

1. Tag: Obergurgl–Langtalereckhütte–Hochwildehaus

Zeit	Aufstieg	Abfahrt	höchster Punkt
4½ Std.	1000 Hm	200 Hm	2883 m

Charakter und Schwierigkeiten: Langer Hüttenanstieg, den man sich durch die Lifte etwas verkürzen kann. Sichere Schneeverhältnisse notwendig. Auf dem Gurglerferner ist bei Nebel die Orientierung schwierig.

Die Route: In Obergurgl (1910 m) nimmt man den Gaisberglift und nach kurzer Abfahrt den Sattellift und erreicht auf diese Weise nach 10 Aufstiegsminuten die Schönwieshütte. Ohne Liftbenützung braucht man 1 Std. Weiter entlang der Ratracspur in 1 Std. zur Langtalereckhütte (2438 m, DAV, 50 Plätze). Hier 200 Hm Abfahrt nach Westen in den Grund des Gurgler Baches und weiter bachaufwärts bis an die steile Gletscherzunge des Gurgler Ferners. Kurz vorher zu Fuß zu den steilen Felsen ansteigen und dann über die Leiter mit 93 Stufen hinauf (Skier und Stöcke auf den Rucksack schnallen). Damit hat man das steile Ende des Gletschers umgangen; er war früher wesentlich flacher, reichte weiter ins Tal hinaus und konnte gut erstiegen werden. Jetzt wandert man auf dem flachen Gurgler Ferner nach Süden. Zwei Spaltenzonen werden rechts (westlich) umgangen; man sieht auf der Ostseite das Hochwildehaus (2883 m, DAV, 90 Plätze).

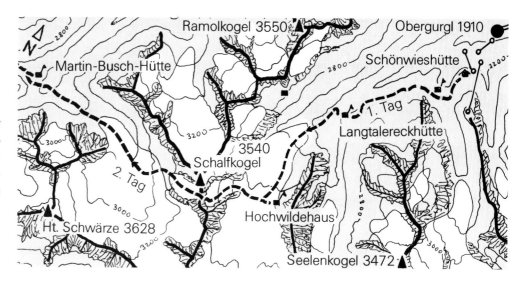

2. Tag: Schalfkogeljoch–Martin-Busch-Hütte

Zeit	Aufstieg	Abfahrt	höchster Punkt
5 Std.	700 Hm	1000 Hm	3375 m

Charakter und Schwierigkeiten: Hochalpiner Übergang mit einem ziemlich steilen Anstieg. Vorsicht Spalten! Nur bei sicherem Schnee und Wetter.

Die Route: Vom Hochwildehaus fahren wir 50 Hm nach Westen auf den flachen Gletscher hinunter, überqueren ihn und steigen in Serpentinen die steile Ostflanke des Schalfkogels auf. Hier besteht nach starken Neuschneefällen Lawinengefahr! Der obere Teil dieser Flanke, die von einigen Gletscherspalten durchzogen wird, ist flacher; nach 2½ Std. ist dann das 3375 m hohe Schalfkogeljoch erreicht, welches den Blick nach Westen freigibt auf Hintere Schwärze, Similaun, Weißkugel und Martin-Busch-Hütte. Die Einfahrt nach Westen zum Nördlichen Schalfferner ist oben sehr steil, nur bei guten Verhältnissen mit Ski, sonst zu Fuß (evtl. Steigeisen angenehm). Besser steigt man etwa 100 Hm in Richtung Schalfkogel auf und fährt dann ebenfalls steil nach Westen ab. Dann durch breite Mulden und über Idealhänge den Gletscher talauswärts genau auf die fast ständig sichtbare Martin-Busch-Hütte zu, die man in 20minütigem Gegenanstieg erreicht (2501 m, DAV, 170 Plätze).

Gipfel am Weg – Schalfkogel (3540 m): Mächtiger Firn- und Felsberg, beliebtes Winterziel. Evtl. anfangs noch mit Ski etwas rechts des Kammes, dann zu Fuß zum Gipfel (45 Min. Aufstieg).

3. Tag: Hauslabjoch–Hochjochhospiz

Zeit	Aufstieg	Abfahrt	höchster Punkt
4 Std.	900 Hm	1000 Hm	3279 m

Charakter und Schwierigkeiten: Relativ einfacher Hüttenübergang über weite Gletscherflächen.

Die Route: Von der Martin-Busch-Hütte nach Südwesten entlang des Niederjochbaches auf den Niederjochferner. Nun sich nach rechts wenden und mittelsteil auf das Hauslabjoch (3279 m) hinauf. Es folgt eine lange, zunächst recht flache Abfahrt nach Norden, dann nach Nordwesten bis hinunter in den Talgrund, zuletzt an seiner linken Seite haltend in Richtung Hochjochhospiz (2413 m, DAV, 90 Plätze), zu dem man aber 100 Hm wieder aufsteigen muß.

Gipfel am Weg – Fineilspitze (3516 m): Einer der formenschönsten Gipfel der Ötztaler Alpen. Vom Hauslabjoch noch kurz mit Ski, dann zu Fuß über den schmalen und ausgesetzten Grat in 1 Std. zum Kreuz.

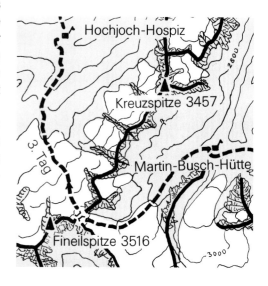

4. Tag: Guslarspitze–Vernagthütte

Zeit	Aufstieg	Abfahrt	höchster Punkt
3½ Std.	700 Hm	400 Hm	3126 m

Charakter und Schwierigkeiten: Einfacher Hüttenübergang, der evtl. an die Etappe des 3. Tages angehängt werden

---

Blick von Guslarferner auf die Vernagthütte. Dahinter der Vernagtferner, am rechten Bildrand der Hintere Brochkogel, links daneben das Brochkogeljoch.

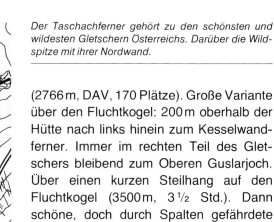

Der Taschachferner gehört zu den schönsten und wildesten Gletschern Österreichs. Darüber die Wildspitze mit ihrer Nordwand.

(2766 m, DAV, 170 Plätze). Große Variante über den Fluchtkogel: 200 m oberhalb der Hütte nach links hinein zum Kesselwandferner. Immer im rechten Teil des Gletschers bleibend zum Oberen Guslarjoch. Über einen kurzen Steilhang auf den Fluchtkogel (3500 m, 3½ Std.). Dann schöne, doch durch Spalten gefährdete Abfahrt vom Joch über den Guslarferner zur Hütte.

5. Tag: Brochkogeljoch– Breslauer Hütte–Vent

Zeit	Aufstieg	Abfahrt	höchster Punkt
5 Std.	750 Hm	1550 Hm	3468 m

Charakter und Schwierigkeiten: Hochalpine Route über zwei Scharten, die man ideal mit einer Besteigung der Wildspitze, dem höchsten Gipfel Tirols, verbinden kann. Weite Gletscherflächen, die für die Orientierung nebelfreies Wetter erfordern. Sehr steile Stufe unter dem Mitterkarjoch. Wegen der süd- bis südostseitigen Abfahrt früh aufbrechen!

Die Route: Von der Vernagthütte nach Norden auf den Großen Vernagtferner und in weitem Rechtsbogen an den Fuß des markanten Felssporns, der von der Petersenspitze nach Süden herunterzieht. Östlich daran entlang aufsteigen und zuletzt steil auf das Brochkogeljoch (3425 m, 2½ Std.). Jetzt leicht abfahrend nach Osten, am Nordfuß des Brochkogels vorbei in das flache Becken dahinter. Kaum steigend ins Mitterkarjoch (3468 m). Über die sehr steile Stufe evtl. zu Fuß hinab auf den Mitterkarferner, der eine schöne Abfahrt bietet. In 2900 m Höhe nach links und zur Breslauer Hütte (2840 m, DAV). Ein Stück gerade hinab, dann immer schräg nach links über die Hänge zu den Venter Liften und auf der Piste ins Tal.

Gipfel am Weg – Wildspitze (Südgipfel, 3770 m): Aus dem Becken vor dem Mitterkarjoch nach Osten über eine Stufe (Spalten) und nach rechts zum Südwestgrat. Skidepot. Zu Fuß über den manchmal vereisten Grat auf den Gipfel (gut 1 Std.).

oder um die Besteigung des Fluchtkogels erweitert werden kann.

Die Route: Vom Hochjochhospiz nach Nordwesten anfangs steil über breite, gletscherfreie Hänge zum Joch zwischen Mittlerer und Vorderer Guslarspitze (3072 m) und nach Süden auf die Mittlere Guslarspitze (3126 m). Jenseits über den Östlichen Guslarferner abfahren und nach kurzem Gegenanstieg zur Vernagthütte

Diese Aufnahme ist genau 30 Jahre alt. Auch in der Zeit der Keilhosen und Kandahar-Bindungen waren Berge wie die Wildspitze etwas Selbstverständliches. Man sieht die Aufstiegsseite.

Durch die Sellrainberge

Fünf Tage im Nordstubai

Unter dem Lisenser Fernerkogel. Sehr anspruchsvolle, aber interessante Variante für den 4. Tag: Westfalenhaus – Längentaljoch – Südgrat des Hinteren Brunnenkogel (steile Flanke, Ski tragen, nur bei besten Verhältnissen) – Abfahrt über Lisenserferner (siehe Foto; 1650 Hm freie Abfahrt!).

Sellrainer Berge – das ist Musik für alle Tourenfahrer aus München oder Innsbruck, das sind Skidreitausender, die zu den schönsten der Alpen zählen, mit weiten, oft gletscherfreien Hängen, die guten Schnee bis in den April hinein garantieren. Dazu kommt, daß die Ausgangspunkte sehr gut und leicht mit dem Auto zu erreichen sind und daß (wegen ihrer Beliebtheit) die Skitouren fast immer gespurt sind, man sich also auch als Anfänger hineinwagen darf, wobei man freilich Kondition, gutes Wetter und sichere Schneelage voraussetzen muß. Die Sellrainer Touren sind großartiger, länger als die in den Kitzbüheler oder benachbarten Tuxer Bergen, aber sie sind wiederum nicht so hochalpin wie am Stubaier Hauptkamm oder gar in den Ötztalern. Fünf gemütliche und zwischen Anfang März bis über Ostern geöffnete Alpenvereinshütten erschließen dieses Gebiet. Zahlreiche komfortable Pensionen in den Talorten bieten sich als Stützpunkte an. Ihr einziger Schönheitsfehler: an Wochenenden oder über Feiertage, wie Ostern oder Pfingsten, ist es nicht leicht, Quartier zu finden. Aber, wer einmal da war, wird wiederkommen. Die langen, weiten, einsamen Täler, die Skigipfel, ein Dutzend Dreitausender, von denen man einige bis obenhin mit Skiern ersteigen kann, die schönen Abfahrten durch weite Mulden, vorbei an den Steilflanken eines Lisensers, einer Larstigspitze, einer Kraspes-, Schöntal-, oder Lisenser Villerspitze gehören zum Schönsten, was Skibergsteigern geboten werden kann. Manchen der Gipfel kann man auch als Tagestour vom Tal aus machen; wir wollen jedoch eine Durchquerung vorschlagen, die im Norden im mondänen Skidorf Kühtai beginnt und im Halbrund nach Süden und Osten führt. Sie kann (und sollte, wenn genug Zeit vorhanden ist) an jeder Hütte unterbrochen werden, damit einige Gipfel mitgenommen werden können, Aussichtspunkte, die den Blick auf manchen Hauptgipfel der Stubaier, Ötztaler und Zillertaler Berge freigeben. Schiefergneis und Gneisglimmerschiefer ist das Material, aus dem die Sellrainer Gipfel aufgebaut sind, ein dunkles, ins Braune gehende, scharfes, zackiges Gestein für formenreiche und fotogene Gipfel.

—sti—

Zeitbedarf	5 Tage ohne größere Anstrengungen.
Abfahrtshöhe	Insgesamt 3300 Hm.
Anreise	Man erreicht das Skidorf Kühtai von Kematen im Inntal mit Bus oder Pkw durch das Sellraintal.
Rückreise	Mit dem Bus, den man in Sellrain besteigt, entweder zurück nach Kühtai oder hinaus nach Kematen.
Stützpunkte	5 AV-Hütten, die ab Anfang März bis über Ostern voll bewirtschaftet sind. Talunterkunft in Hotels bzw. Gasthöfen in Kühtai, Lisens, Praxmar.
Anforderungen	Schwierige Passagen gibt es auf dieser Tour nicht. Die wenigen Gletscher, die über kurze Passagen begangen werden, sind ungefährlich. Auf Gletscherausrüstung (Steigeisen, Pickel und Seil) kann verzichtet werden. Sichere Schnee-, Wetter- und Sichtverhältnisse sind jedoch Voraussetzung.
Tips/Hinweise	Günstigste Zeit ist von Anfang März bis in den Mai. Jede der genannten Hütten bietet zusätzliche Gipfelfahrten.
Führer/Karten	AV-Karte Nr. 31/12 Stubaier Alpen – Sellrain 1:25000 mit Skirouten. AV-Skiführer Ostalpen Band I (Rother).

1. Tag: Kühtai–Finstertaler Scharte–Schweinfurter-Hütte

Zeit	Aufstieg	Abfahrt	höchster Punkt
3 Std.	900 Hm	800 Hm	2779 m

Charakter und Schwierigkeiten: Der Übergang über die Finstertaler Scharte stellt keine großen Anforderungen. Für die Abfahrt zur Guben-Schweinfurter-Hütte ist jedoch gute Sicht und Orientierungsfähigkeit nötig.

Die Route: Vom Zentrum Kühtai mit großem Parkplatz und Kirche ca. 500 m die Hauptstraße nach Westen bergab, bis man entweder beim Verkehrsamt die (für den Autoverkehr gesperrte) Straße der Tiroler Wasserkraftwerke nach Süden weitergeht, oder aber man benützt den Lift des Hotels Alpenrose, der 180 Hm des Aufstiegs erspart. Vom Lift leicht ansteigend nach Osten, unter die Staumauer und an deren östliches Ende. Hierher gelangt man auch, ohne den Lift zu benützen, wenn man die erwähnte Straße der Wasserkraftwerke zu Fuß begeht. Über den Stausee oder an seinem linken, östlichen Ufer bis an sein südliches Ende und hier ca. 100 Hm nach Süden ansteigen. Die meisten Spuren führen dann in großer Rechtskurve nach Südwesten in Richtung Sulzkogel; wir steigen jedoch nach Osten auf, spuren durch das weite, flache Kar empor bis in 2600 m Höhe, wo wir nach rechts abschwenken zur Finstertalerscharte (2779 m). Im obersten Teil des Anstiegs Schneebrettgefahr. Von der Scharte Abfahrt nach Südosten in das weite, flache Kar hinunter (auf der Karte mit „Tote Böden" bezeichnet); man hält sich in der Folge stets links, in der Nähe der östlichen Begrenzungsflanke und fährt am

Loipe im Tal von Lisens; im Nebel der Lisenser Fernerkogel (3299 m), ein anspruchsvolles, doch trotzdem sehr beliebtes Frühjahrsziel.

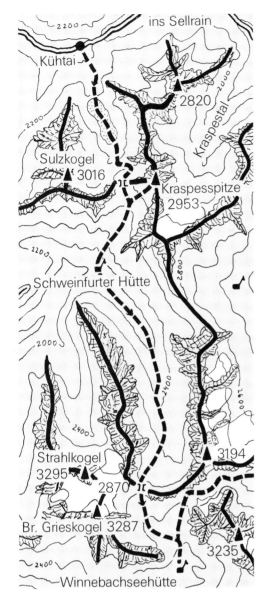

durch das Hochkar empor und von rechts auf den Gipfel (45 Min.) Bis zur Hütte hat man nun eine durchgehende, rassige 900-m-Abfahrt vor sich.

2. Tag: Zwieselbachtal–Zwieselbachjoch–Winnebachseehütte

Zeit	Aufstieg	Abfahrt	höchster Punkt
5 Std.	840 Hm	500 Hm	2870 m

Charakter und Schwierigkeiten: Sehr langer, flacher Anstieg durch das Zwieselbachtal, oben über den spaltenfreien Zwieselbachferner, problemlose Abfahrt zur Hütte. Man kann auch ab 2500 m Höhe gleich zum Winnebachjoch aufsteigen und spart so einen Tag.

Die Route: Von der Guben-Schweinfurter-Hütte das lange, unten sehr flache Zwieselbachtal nach Südosten hinein (Lawinenstriche!). Man bleibt immer im Talgrund und erreicht 200 Hm unterhalb des Zwieselbachjoches den flachen Zwieselbachferner, über den man nach Südwesten ansteigend das Joch erreicht (2870 m). Jenseits fährt man nach Südosten ab und erreicht zuletzt über flache Almböden die Winnebachseehütte (2382 m, DAV, 40 Plätze). Von allen genannten AV-Hütten im Sellrain besteht hier am ehesten die Gefahr, daß der Wirt nur am Wochenende heraufkommt; auf der Guben-Schweinfurter-Hütte erkundigen (der Winterraum ist geöffnet).

Gipfel am Weg – Breiter Grieskogel (3287 m): Vom Zwieselbachjoch aus läßt sich dieser mächtige Gipfel besteigen. Steilstufe am Ostgrat, die bei hartem Schnee oder Eis Steigeisen erforderlich macht.

Schluß über eine sehr steile, südwestseitige Stufe zur Guben-Schweinfurter-Hütte (2034 m, DAV, 70 Plätze) ab.

Gipfel am Weg – Kraspesspitze (2953 m): Von der Finstertaler Scharte fährt man auf der Südseite stark nach links bis in 2700 m Höhe ab. Rucksackdepot. Ziemlich gerade

3. Tag: Winnebachjoch–Westfalenhaus

Zeit	Aufstieg	Abfahrt	höchster Punkt
3 Std.	500 Hm	500 Hm	2788 m

Charakter und Schwierigkeiten: Einfacher Hüttenübergang von großer landschaftlicher Schönheit.

Die Route: Von der Winnebachseehütte nach Norden aufsteigen, auf 2600 m Höhe dann jedoch nach Osten wenden und flach auf das Winnebachjoch (2788 m). Dann nach Osten abfahren, bis man (zuletzt über eine steilere Stufe) das Westfalenhaus (2273 m, DAV, 60 Plätze) erreicht.

Gipfel am Weg – Winnebacher Weißkogel (3185 m): Start zu diesem Abstecher mit gut 1 Std. Aufstieg knapp östlich des Winnebachjochs. In schönem Gelände erst nach Norden, dann nach Westen bis unter den Gipfel. Zu Fuß durch eine Rinne auf den Nordgrat und nach links zum höchsten Punkt.

4. Tag: Lisens–Roter Kogel–Potsdamer Hütte

Zeit	Aufstieg	Abfahrt	höchster Punkt
7 Std.	1230 Hm	1500 Hm	2834 m

Charakter und Schwierigkeiten: Abfahrt vom Westfalenhaus ohne Schwierigkeiten nach Lisens, 2 km Langlaufloipe bis unterhalb Praxmar, 4 Std. steiler Aufstieg zum Roten Kogel und leichte, genußvolle Abfahrt zur Potsdamer Hütte. Nur bei sicheren Verhältnissen.

Die Route: Vom Westfalenhaus nach Süden in den Talgrund abfahren und das Längental (Lawinenstriche) hinaus, zuletzt

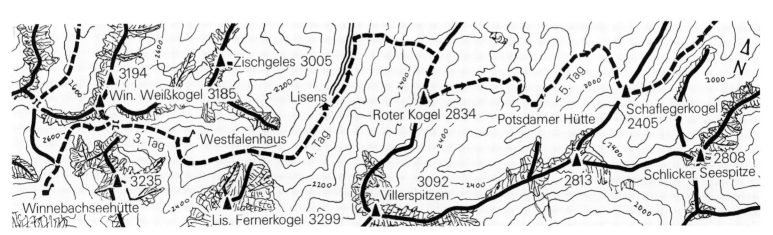

Vom Schaflegerkogel, dem letzten Ziel der Durchquerung, begeistert der Blick auf die Kalkkögel. Das Foto zeigt von rechts: Riepenwand, Große und Kleine Ochsenwand, Steingrubenkogel.

über eine steile Waldstufe am bestem direkt unter den Seilen der Hüttenversorgungsbahn bis zu deren Talstation und nach Norden hinaus bis zum Gasthaus Lisens. Hier folgen wir entweder der Autostraße oder der Langlaufloipe am Bach entlang, bis nach 2 km direkt an der Straße ein rotes Schild nach Osten weist mit der Aufschrift: Roter Kogel 4 Std., Potsdamer Hütte 5½ Std. Der Aufstieg führt zunächst durch Wald, dann in eine große Karmulde, die man aber nicht direkt, sondern auf ihrer südlichen Begrenzungsrippe sehr steil ersteigt, bis das Gelände wieder flach wird und man nicht den Roten Kogel direkt, sondern seinen nördlichen Vorgipfel Auf Sömen erreicht. Den Roten Kogel muß man unbedingt auch noch ersteigen, er ist einer der leichten und am meisten besuchten Skigipfel des Sellrain. Die Abfahrt zur Potsdamer Hütte ist flach, genußvoll und nicht zu verfehlen (Potsdamer Hütte: 2012 m, DAV, 50 Plätze, besonders gemütliches und sehr gut bewirtschaftetes Haus).

5. Tag: Schaflegerkogel–Kemateralm–Grinzens

Zeit	Aufstieg	Abfahrt	höchster Punkt
4 Std.	740 Hm	1800 Hm	2405 m

Charakter und Schwierigkeiten: Die Überschreitung des Schaflegerkogels bereitet keine Mühen, erfordert aber doch gutes Wetter und sicheren Schnee. Oben herrlich freie Hänge, dann ein sehr langes Tal.

Die Route: Am bequemsten von der Hütte talaus bis zur Kaseralm. Hier rechts ab und auf der Almstraße nach Norden durch Wald zur Furggesalm. Über die freien Hänge etwas nach rechts auf den Schaflegerkogel (2405 m). Über die hindernislosen, von kleinen Stufen gegliederten Hänge nach Nordosten hinab ins Tal und durch den engen Einschnitt (Lawinenstriche!) talaus zur Kemateralm. Immer auf dem Fahrweg durch das lange Senderstal hinaus nach Grinzens bei Axams.

Vom Zuckerhütl zur Ruderhofspitze

Große Tiefschneeabfahrten im Hochstubai

72 Dreitausender stehen in den Stubaier Alpen; es ist also ein mächtiges Gebirge, begrenzt von Ötz-, Inn- und Wipptal. Drei der höchsten Gipfel gehören zu den beliebtesten Dreitausendern, die das Herz jedes Tourengehers höher schlagen lassen. Zuckerhütl, Schrankogel und Ruderhofspitze sind echte Prachtgipfel, die aber sehr stark besucht sind. Die große Skieinsamkeit ist hier nicht zu finden. Unsere Stubaier Rundtour soll in Form eines Achters vorgeschlagen werden, in dessen Zentrum die Dresdner Hütte liegt. Wir beginnen mit der Liftauffahrt und gehen über Amberger und Franz-Senn-Hütte den einen Kreis des Achters aus; hierher kommen wir am dritten Tag wieder zurück und gehen über Zuckerhütl und Sulzenauhütte die zweite Hälfte des Achters zu Ende. Dazwischen liegen Traumabfahrten über nordseitige Hänge mit Idealschnee, dazwischen liegen eventuell die Besteigungen aller drei genannten Gipfel, deren Bausubstanz Schiefergneise und Glimmerschiefer sind, also relativ weiches, gut begehbares Gestein, das aber trotzdem für markante, fotogene Gipfelmassive sorgt. Wer kann, soll unbedingt neben den hier propagierten vier Tagen noch zumindest auf der Amberger und Franz-Senn-Hütte je ein bis zwei Tourentage zusätzlich verbringen – kurze Hinweise auf die Möglichkeiten werden jeweils gegeben. So schön und im großen unproblematisch die Stubaier Tour ist, man soll sie trotzdem nicht unterschätzen. Insbesondere der spaltenreiche Sulzenauferner verlangt Vorsicht, und die rassige Abfahrt von der Ruderhofspitze über ihre Südflanke wartet mit einer Steilstufe auf und soll nur bei ganz sicheren Schneeverhältnissen unternommen werden. Dann aber gehört sie – vor zehn bis fünfzehn Jahren noch fast unbekannt, heute im späten Frühjahr fast schon zur Piste ausgefahren – zu den großzügigsten Abfahrten im Ostalpenraum. Wo gibt es sonst schon eine 1700-Hm-Abfahrt in „einem Stück"?!   —sti—

Zeitbedarf	4 Tage, nach Belieben um einige zusätzliche Tourentage auf den 3 genannten Hütten zu erweitern.
Abfahrtshöhe	5900 Hm, wobei aber für Aufstiege zu Fuß nur 3100 Höhenmeter anzusetzen sind; den Rest der erforderlichen Höhe überwindet man, indem zweimal mit Seilbahnen und Liften der Stubaier Gletscherbahn gefahren wird.
Anreise	Über Innsbruck und die Brenner-Autobahn (bzw. Landstraße) ins Stubaital und über Neustift bis zur Talstation der Stubaier Gletscherbahn. Hierher kommt man auch am Ende unseres Tourenvorschlages wieder zurück.
Stützpunkte	3 DAV-Hütten, die ab Ende Februar bewirtschaftet sind und (außer über Ostern oder den 1. Mai) meist genügend Platz bieten.
Anforderungen	Wegen der Spalten Gletscherausrüstung, für die Besteigung des Zuckerhütls können Steigeisen unentbehrlich sein.
Führer/Karten	AV-Karte Blatt 31/1, 1:25 000, mit eingezeichneten Skirouten; AV-Skiführer Ostalpen Band 1 (Rother); Skihochrouten in den Alpen von Peter Keill.

1. Tag: Mutterbergalm–Daunscharte–Amberger Hütte

Zeit	Aufstieg	Abfahrt	höchster Punkt
5 Std.	150 Hm	1200 Hm	3210 m

Charakter und Schwierigkeiten: Auffahrt mit verschiedenen Bahnen der Stubaier Gletscherbahn (sie wird ganzjährig betrieben), Querung des oberen Daunkogelferners zur Daunscharte, 7 km lange Abfahrt über den Sulztalferner zur Amberger Hütte.

Die Route: Man löst an der Kasse eine einfache „Fahrkarte für Bergsteiger" bis zur Bergstation Daunferner (einfache Fahrten gibt es nur bis 10 Uhr vormittags, danach nur Tageskarten!), besteigt die Gondelbahn bis zur Station Eisgrat (2900 m, Restaurant), nimmt dort den Schlepplift Eisjoch II (Bergstation: 3130 m), steigt 5 Min. mit angeschnallten Skiern vollends auf das Joch auf, fährt jenseits kurz ab und besteigt den Doppelsessellift „Daunferner" (Bergstation 3210 m, höchster Punkt der Stubaier Gletscherbahn). Mit wenigen Schwüngen zum kurzen Stollen und durch diesen hindurch. Die Piste, die dann weiter talwärts führt, wird gleich nach dem Stollen verlassen; man quert leicht abfahrend den oberen Daunkogelferner in Nordwestrichtung, vorbei am ersten Felssporn, der von der Stubaier Wildspitze, und am zweiten Felssporn, der vom Östlichen Daunkogel herabzieht, in das flache Gletscherbecken unterhalb der Daunscharte. Hier werden die Felle angelegt, in 20 Min. ist die Daunscharte erreicht (3156 m). Jenseits 50 Hm steil hinab, evtl. besser zu Fuß mit geschulterten Skiern und dann in einer großen Linkskurve den flachen Sulztalferner queren in Richtung auf den markanten, felsigen Ostgrat, der von der Wilden Leck herunterzieht. Nun immer am linken (westlichen) Rand des Sulztalferners abfahren. Dann links des schluchtartigen Einschnitts talaus und über den fast ebenen Boden noch weit nach Norden zur Amberger Hütte (2135 m, DAV, 100 Plätze, besonders lohnende Gipfel sind von dort aus Kuhscheibe, 3189 m, und Hinterer Daunkopf, 3225 m).

Gipfel am Weg – Westlicher Daunkogel (3300 m): Von der Daunscharte kann man steil, meist ganz im Schnee zu dem kleinen, aber scharfgeschnittenen Gipfel hinaufstapfen (30 Min., sehr stark von den Schneeverhältnissen abhängig). Der formenschönste Gipfel des Bereichs ist der Östliche Daunkogel (3332 m), den man in 1 Std. erreichen kann. Aus der Scharte zwischen ihm und der Wildspitze steigt man erst rechts des Grates, dann sehr steil auf ihm meist im Schnee zum Gipfel empor.

2. Tag: Wildgratscharte–Franz-Senn-Hütte

Zeit	Aufstieg	Abfahrt	höchster Punkt
4½ Std.	1050 Hm	1020 Hm	3168 m

Charakter und Schwierigkeiten: Dieser klassische Hüttenübergang bietet keine Schwierigkeiten, man muß jedoch auf die Spalten achten. Zu einer großen Bergfahrt wird diese Tour durch eine Besteigung des Schrankogels, des zweithöchsten und mächtigsten Berges der Stubaier Alpen.

Die Route: Von der Hütte wieder nach Süden, dann links über Stufen und Böden empor zum Schwarzenbergferner. Hinauf in den großen, oberen Boden und nach rechts – die letzten Meter zu Fuß – in die

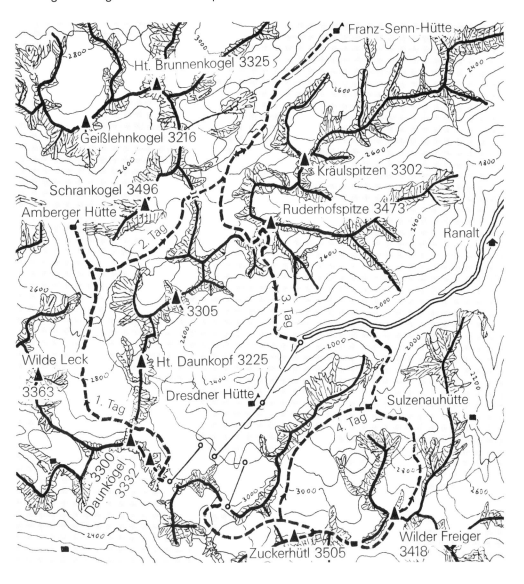

Der Gipfelgrat der Ruderhofspitze zieht sich noch recht lange hin. Wir müsen die Skier bis zu dem deutlich zu erkennenden Gletscherbuckel mitnehmen; er bildet das Oberende des Ruderhofferners, über den die Steilabfahrt ins Mutterbergtal erfolgt.

scharf eingeschnittene Wildgratscharte (3168 m). Drüben hinab auf den Alpeinerferner, am großen Bruch links vorbei und hinab bis in den Talboden. In ihm noch 2,5 km fast eben talaus zur Franz-Senn-Hütte (2147 m, ÖAV, 260 Plätze, weitere empfehlenswerte Gipfel wären das Wilde Hinterbergl, 3288 m, und die Östliche Seespitze, 3416 m, mit ihrer besonders rassigen Nordabfahrt).

Gipfel am Weg – Schrankogel (3496 m): Die Besteigung dieses gewaltigen Berges ist eine anspruchsvolle und hochalpine Tour, die Schwierigkeiten hängen stark von den Verhältnissen ab. Fast 400 Hm zu Fuß! Man quert aus dem oberen Becken des Schwarzenbergferners zum breiten Ostgratfuß und steigt erst in einer Steilflanke, dann über den teilweise sehr ausgesetzten Grat zum Gipfel auf (1½ bis 2 Std.).

3. Tag: Ruderhofspitze – Ruderhof – Mutterbergalm

Zeit	Aufstieg	Abfahrt	höchster Punkt
6 Std.	1300 Hm	1700 Hm	3473 m

Charakter und Schwierigkeiten: Eindrucksvoller Gletscheranstieg zur Ruderhofspitze, dann 1700 Hm Steilabfahrt, ungemein zügig und rassig; idealer Firn ist unbedingte Voraussetzung.

Die Route: Längs der Spuren des Vortags wieder empor in das obere Becken des Alpeinerferners. Nun nach Osten in die Mulde am Fuß der Ruderhofspitze (3473 m), durch eine Rinne auf den Südwestgrat und über ihn auf den Gipfel (Skier bis knapp unter den Gipfel mitnehmen). Die Abfahrt erfolgt genau nach Süden über den Ruderhofferner, der zwischen 3300 m und 3200 m eine 30° steile Stufe aufweist. Weiter über meist steile Hänge in den Ruderhof und über eine letzte Stufe ins Tal (wegen der reinen Südlage kann im unteren Teil fauler Schnee herrschen; früh von der Hütte aufbrechen!). Mit der Bergbahn wieder hinauf zur Dresdner Hütte (2302 m, DAV, 200 Plätze).

4. Tag: Fernaujoch – Zuckerhütl – Sulzenau – Grawaalm

Zeit	Aufstieg	Abfahrt	höchster Punkt
4 Std.	600 Hm	2000 Hm	3505 m

Charakter und Schwierigkeiten: Nach der Besteigung des Zuckerhütls folgt eine zwar klassische, aber dennoch sehr anspruchsvolle Abfahrt, die sich nur für erfahrene Bergsteiger eignet. Vorsicht wegen Spalten und Lawinen!

Die Route: Man erreicht mit Gondelbahn und Liften das Fernaujoch (3100 m), trägt dann die Skier auf gespurter Piste in westlicher Richtung, bis man jenseits die Pisten des Gaiskarliftes sieht. Abfahrt zu seiner Talstation (2900 m) und dann Aufstieg nach Osten. Über den Pfaffenferner bis zum Pfaffenjoch (3212 m) und nördlich am Zukkerhütl vorbei bis auf den Pfaffensattel (3332 m), noch ein Stück mit Ski, dann Fußaufstieg (oft sind Steigeisen notwendig) über den steilen Ostrücken zum schönsten und höchsten Gipfel der Stubaier. Die Abfahrt erfolgt über den Sulzenauferner, sich immer ganz links an seiner westlichen Felsbegrenzung halten (im mittleren Teil Spaltengefahr!), bis zur Sulzenauhütte (2191 m, DAV, 150 Plätze). Hier übernachtet man evtl., um am nächsten Tag in aller Ruhe ins Tal zur Grawaalm abzufahren (zwei sehr steile, manchmal unangenehme Stufen!). Von hier aus sind es 2,5 km zurück zum großen Parkplatz Mutterbergalm.

Alternative: Da der Wilde Freiger (3418 m) ein hervorragender Gipfel ist, sollte man ihn entweder am 5. Tag von der Sulzenauhütte als eigene Tour anpacken, oder aber man hängt ihn an die Besteigung des Zuckerhütls an. Dazu muß man vom Pfaffensattel auf den Wilden Pfaff (3458 m, ½ Std. Aufstieg) und jenseits nach Osten zu Fuß über einen 200 m hohen Felsgrat, nicht ganz einfach, absteigen zur weithin sichtbaren Müllerhütte (CAI, nicht geöffnet!) und weiter über den Südhang auf den Wilden Freiger (3418 m, letzter Aufstieg steil, 2 Std.). Die Abfahrt erfolgt zurück zur Müllerhütte und einfach und relativ flach über die Fernerstube zur Sulzenauhütte, oder aber ganz rassig und hochalpin vom Gipfel nach Norden und über den Wilder-Freiger-Ferner, relativ steil, im unteren Bereich sehr steil, zur Sulzenauhütte.

Tuxer Rundtour

Sieben Gipfel in fünf Tagen

In Tirol warten vier große Gebirgsgruppen auf den Tiefschneefreund. Sie bieten in der Reihenfolge Kitzbüheler Alpen, Tuxer Voralpen, Stubaier und Ötztaler Alpen eine kontinuierliche Steigerung nicht nur in der Höhe der Berge, sondern auch bei den Anforderungen. Man kann sich hier gewissermaßen vom Lehrling zum Touren- und Tiefschneespezialisten hinaufarbeiten. Die Tuxer Berge werden dabei – ganz zu unrecht – weniger als die Nachbargebiete besucht. Es mag daran liegen, daß man aus den umliegenden, sehr tiefen Tälern vor allem auf steile Waldhänge schaut, während sich das ideale Skiland im Inneren der Berggruppe versteckt. Doch dort steht ein herrliches Winterziel neben dem anderen, wirklich jeder Gipfel bietet wenigstens eine Abfahrt zum Schwelgen. Die etwas behäbigen Formen kommen den Skifahrern entgegen; die fast schwarzen Felsen stören kaum, sind nur eine Dekoration, um das Bild zu beleben. Nur der kleine Bereich zwischen der Wattener Lizum und dem Tuxer Joch fällt aus dem Rahmen. Hier haben sich reine Kalkberge in den kristallinen Bereich eingeschmuggelt, die sofort durch den hellen Fels und die schroffen, malerischen Formen ins Auge fallen. Was soll man aus dieser Fülle herausgreifen? Wir haben eine Rundtour zusammengestellt, wozu sich ja – leider – nur wenige Berggruppen eignen. Man bekommt dabei einige schöne Abfahrten, manchen der großen markanten Gipfel und nicht zuletzt den Blick auf den vergletscherten Tuxer Hauptkamm mit dem alles überragenden Olperer (3476 m) als Blickfang serviert. Wer mit unseren fünf Tagen nicht zufrieden ist, kann die Tour nach Nordwesten erweitern. Dann wäre es am besten, in der schmucken neuen Naviser Hütte (1787 m, ÖAV) zu übernachten, am Morgen – recht steil – zum Naviserjöchl aufzusteigen, um über den blockreichen Kamm den Grünberger (2790 m) zu erreichen. Nun fällt die Entscheidung schwer: Lockt die 1700-Hm-Abfahrt durchs Arztal, oder will man die Tuxer noch weiter erforschen? Dann müßte man dem Grat über das Rosenjoch (2796 m) bis zur Kreuzspitze treu bleiben, um das Meißnerhaus (1706 m, DAV) zu erreichen. Der letzte Tag brächte dann die 2000-Hm-Abfahrt (teilweise Piste) vom Glungezer nach Tulfes.

—ds—

Zeitbedarf	5 Tage.
Abfahrtshöhe	Insgesamt 6480 Hm.
Anreise	Der Talort Wattens (567 m) liegt im Inntal knapp östlich von Innsbruck (Autobahnausfahrt). Von dort führt ein Bergsträßchen nach Walchen (1410 m), evtl. Ketten notwendig.
Stützpunkte	Die drei Alpenvereinshütten sind im Winter und Frühjahr bewirtschaftet. In Lanersbach gibt es viele Pensionen etc.
Anforderungen	Keiner der fünf Tage ist besonders anstrengend, ja, es bleibt durchaus Zeit, unterwegs noch den einen oder anderen Gipfel „mitzunehmen". Fast alle Touren sind häufig gespurt. Man trifft auf keine ernsten technischen Schwierigkeiten, jede Etappe wäre bei ungünstigen Verhältnissen jedoch lawinengefährdet.
Tips/Hinweise	Die Rundtour eignet sich in gleicher Weise für die Pulverschneezeit wie für das Frühjahr. Das teilweise blockreiche Gelände erfordert eine hohe Schneelage. Durch die Nähe der „Skistädte" Innsbruck und München herrscht an den Wochenenden in den Hütten und auf den Gipfeln relativ großer Andrang, während es unter der Woche ziemlich still ist.
Führer/Karten	AV-Skiführer Band 1 (Rother), Österreichische Karte 1:50 000, Blatt 149, auf dem das gesamte Gebiet sehr gut dargestellt ist.

Auf dem Gipfel des Rastkogels.

1. Tag: Melangalm–Grafensjoch–Grafenstal–Weidener Hütte

Zeit	Aufstieg	Abfahrt	höchster Punkt
4 Std.	1150 Hm	760 Hm	2460 m

Charakter und Schwierigkeiten: Gleich der erste Hüttenzugang ist eine richtige Bergtour, die einen mitten hineinführt in die typische Hochregion der Tuxer. Die Abfahrt durch das waldfreie, aber teilweise scharf eingeschnittene Grafenstal erfordert einen sicheren Schnee. Den Abstecher zur Grafensspitze nicht versäumen!

Die Route: Beim Gh Walchen über den Bach und parallel mit ihm talein bis zu den ersten freien Flächen. Am Waldrand empor ins obere Eck der Wiesen, dann auf dem Almweg nach links über den scharf eingeschnittenen Graben. Nun die völlig freien Hänge, der Steilstufe seitlich ausweichend, in das weite Grafensjoch (2460 m). Durch hindernislose, oft unverspurte Mulden in das Grafenstal, eine Stufe rechts umfahrend und dann im schärfer eingeschnittenen Graben bis in die Höhe der Grafensalm. Nun muß man dem Sommerweg folgend die Hänge weit nach Osten ins Nafingtal und zur Weidener Hütte (1799 m, DAV, 49 Plätze) queren.

Gipfel am Weg – Grafensspitze (2619 m): Müheloser Abstecher vom Joch auf diesen breitgelagerten Berg. Von rechts kann man sogar den Gipfel selbst mit Ski erreichen. Sehr informativer Rundblick.

2. Tag: Halslspitze–Nurpenstal–Roßkopf–Rastkogelhütte

Zeit	Aufstieg	Abfahrt	höchster Punkt
5 Std.	1260 Hm	980 Hm	2576 m

Charakter und Schwierigkeiten: Hüttenübergänge sollen – wenn möglich – nicht nur ein Mittel zum Zweck sein. Oft kann man sie mit ein wenig Phantasie so gestalten, daß Abwechslung und Vergnügen steigen. So bekommt die heutige Tour durch das Einbeziehen der beiden Gipfel eine interessante, alpine Note und ermöglicht zwei herrliche Nordabfahrten. Doch gute Verhältnisse sind notwendig.

Die Route: Von der Hütte zu den Nafingalmen und noch über den folgenden Bacheinschnitt. 200 Hm gerade hinauf, dann nach Süden auf die weiten Böden, die einen bequemen Weg auf den Gipfel der Halslspitze (2574 m) ermöglichen. Kurz über den Ostgrat, dann nach Norden durch eine Steilmulde und über hindernislose Hänge zur Haglhütte im oberen Nurpenstal. Nach Nordosten wieder 200 Hm aufwärts, dann Querung nach Norden und um eine recht steile Geländekante. Nun entweder waagrecht weiter ins Pfundsjoch und drüben hinab auf die Böden oder – viel interessanter – so bald wie möglich rechts empor zum Roßkopf-Nordgrat und in dem teilweise blockigen Gelände auf den zweiten, fast gleichhohen Gipfel (2576 m) des Tages. Nun kann man entweder über den Nordostrücken (oft verblasen) oder schöner über die anfangs steilen Nordhänge abfahren, muß sich dabei immer nach rechts orientieren und kommt so auf die Nordseite des Sidanjoches. Kurz zu ihm empor und hinüber zur nahen Rastkogelhütte (2117 m, DAV, 70 Plätze) in schöner Terrassenlage.

3. Tag: Rastkogel–Lämmerbichl–Vorderlanersbach

Zeit	Aufstieg	Abfahrt	höchster Punkt
3½ Std.	810 Hm	1600 Hm	2762 m

Charakter und Schwierigkeiten: Der Eilige kann leicht einen Tag einsparen, er versäumt dann jedoch die Rastkogel-Riesenabfahrt ins Tuxer Tal und muß statt dessen viel, viel queren. Es wäre schade drum!

Die Route: Von der Hütte zum Sidanjoch und immer auf dem Kamm bis zum Grataufschwung am Roßkopf. Jetzt Querung nach Süden und kurzzeitig steil hinab zum Sidansee. Durch die große, ausgeprägte Mulde auf den obersten Südostgrat und über eine kleine Stufe zu Fuß auf den Gipfel des gewaltigen, alles überragenden Rastkogels (2762 m). Die schönste Abfahrt: Von der Südostschulter über einen kurzen Hang in die Mulde südlich unter dem Gipfel. Vor ihrem tiefsten Punkt wieder nach Süden umbiegen und dann über Idealhänge bis in 2100 m Höhe hinab. Gegenanstieg von 30 Min. zum Lämmerbichl und auf den freien, südseitigen Pisten nochmals 1000 Hm hinab nach Vorderlanersbach (1257 m).

Rechtes Bild: Aufstieg von der Lizumerhütte zum Geier, rechts oben die Tarntaler (oder Lizumer) Sonnenspitze. Die Wattener Lizum mit den dunklen Felsbergen ist das landschaftliche „Prunkstück" der Tuxer Voralpen.
Unteres Bild: Idealskigebiet Tuxer Voralpen; die Nordseite des Rastkogels.

4. Tag: Horbergjoch–Hobarjoch–Torspitze–Lizumer Hütte

Zeit	Aufstieg	Abfahrt	höchster Punkt
6 Std.	1030 Hm	1510 Hm	2663 m

Charakter und Schwierigkeiten: Warum die Lifte nicht ausnützen, wenn sie schon einmal bestehen?! Eine Wanderung in aussichtsreichen, sonnigen Höhen ist allemal schöner als in tief eingeschnittenen Tälern. Die Tour wird so zu einer richtigen Höhenpromenade, die man mit der Besteigung von zwei mächtigen Gipfeln würzen kann. In diesem Bereich gibt es einige Verwirrungen bei den Namen: Der Begriff „Joch" kann nämlich sowohl einen Gipfel (wie Hobarjoch), als auch eine Schulter (Nafingjoch) wie eine Einschartung (Geiseljoch) bezeichnen.

Die Route: Mit den Liften bis unter das Horbergjoch und zu Fuß bis auf die Rastkogel-Südostschulter (2680 m, siehe auch Vortag) hinauf. Abfahrt ins Geiseljoch und schräg durch die Hänge nach Westen in die Hobar-Südmulde. Man kann nun gleich die Hänge weiter queren (scharf eingeschnittene Bachläufe, zwei Steilstellen) bis in den obersten Boden des Geiseltales, oder – viel lohnender – man steigt zuerst auf das Hobarjoch (2512 m) hinauf, fährt von ihm, sich stets rechts haltend, wieder ab und verkürzt so die Querung. Über kleine Steilstufen und durch Mulden, schließlich über den blockreichen Nordrücken auf die Torspitze (2663 m). Dann hindernislose Abfahrt über weite Hänge zur Lizumer Hütte (2019 m, ÖAV, 90 Plätze).

5. Tag: Geier–Knappenkuchl–Klammjoch–Walchen

Zeit	Aufstieg	Abfahrt	höchster Punkt
5 Std.	1170 Hm	1780 Hm	2857 m

Charakter und Schwierigkeiten: Großes Finale mit einigen Superlativen – höchster Gipfel der Tour, längste Abfahrtsstrecke, eindrucksvollste Landschaft... Dieser Tag stellt höhere Ansprüche als die Vortage, zudem braucht man unbedingt sichere Verhältnisse.

Die Route: Von der Hütte talein, an einer Steilstufe rechts vorbei und durch ideale Skimulden auf den Geier (2857 m), den zweithöchsten Gipfel des Gebirges, der einen völlig freien Blick nach Süden schenkt. In einem nach Norden ausholenden Bogen zum Staffelsee hinab. Nach Süden aus dem Minikar dann kurze Querung der hier sehr steilen Hänge nach rechts (unangenehme und nicht ungefährliche Stelle) auf einen kleinen Absatz. Sich immer stark rechts haltend (parallel zu den Felsen) Abfahrt in die Obere Knappenkuchl. Gegenanstieg ins Klammjoch (2359 m), kurz nach Norden hinab, dann links in die Mölserscharte. Es lohnt sich nun, nach Norden noch zu dem ersten breiten Gratkopf aufzusteigen (2450 m). Von dort sehr schöne Abfahrt über die steilen Hänge Richtung Mölsertal. Auf der Straße talaus nach Walchen.

Aufziehendes Schlechtwetter über der Wattener Lizum, rechts hinten die Kalkwandspitze.

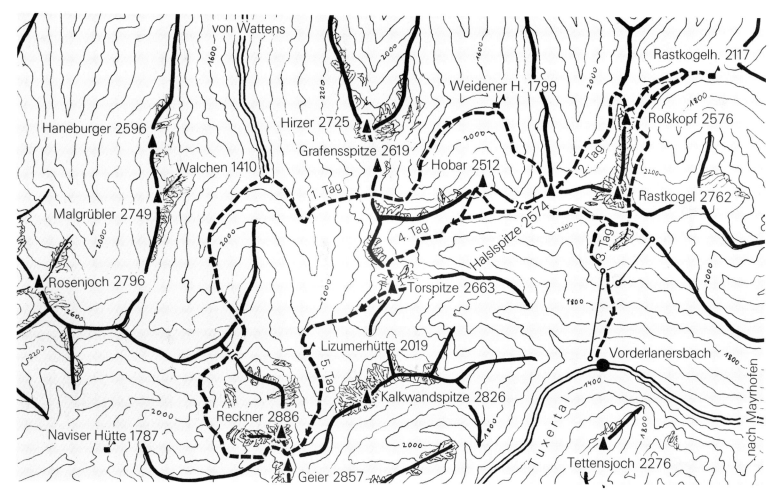

Kitzbüheler Haute Route

Im südlichsten und höchsten Bereich des Gebirges

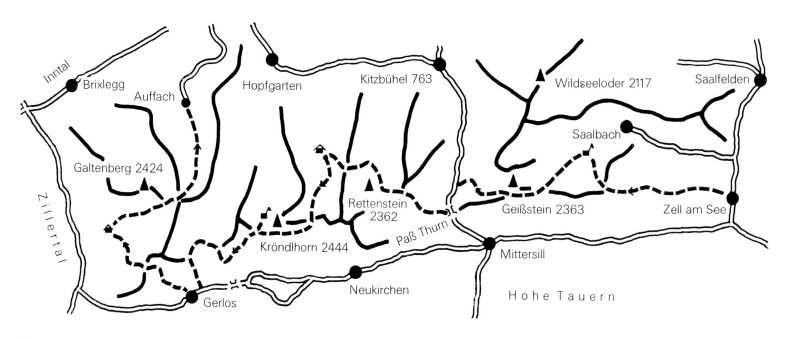

Kitzbüheler Alpen – das ist das Dorado der Tourengeher schlechthin. Mächtige, doch etwas behäbige Gipfel, die höchsten sind mit dunklen Felsen dekoriert, und eine Unzahl hindernisloser Almmatten, freier Lichtungen und Bauernwiesen locken die Tiefschneefreunde in ihren Bann. In keinem anderen Bergmassiv gibt es so viele Abfahrten und auch so viele Skifahrer auf engstem Raum. Doch an eine Durchquerung machten sich – bisher – allenfalls ein paar Individualisten. Da liegt natürlich die folgende Überlegung nahe: Das Gebiet eignet sich wenig dafür, oder die Routen zeichnen sich durch Langeweile aus. Doch beides ist völlig falsch, ja, gerade diese Tour ist konkurrenzlos in ihrer Art. Sie bietet viele wirklich schöne Abfahrten, insgesamt kommt man auf 12400 Hm, die trotz der relativ geringen Gipfelhöhen nur selten durch Wald behindert werden. Und da die Route auch durch die stillen und abgelegenen Teile der Kitzbüheler Alpen führt, wechseln die verschiedensten Eindrücke: Bekannte Skistationen wie Hinterglemm und seine Pisten, beliebte Tourenberge, zu denen Kuhkaser und Gerstingerjoch gehören, und unberührtes Bergland wie das obere Sintersbachtal oder der Märzengrund. Keine andere Durchquerung eignet sich so gut, um grundlegende Erfahrungen zu sammeln, sich hineinzufinden in das Metier „Höhenrouten im Tiefschnee". Hier wird man bereits mit all dem konfrontiert, was man dann bei den ganz großen Bergfahrten der Alpen perfekt beherrschen muß, mit der Lawinensituation, dem Zurechtfinden im verschneiten Hochgebirge, der richtigen Planung, einem geschickten Einteilen der Kräfte, der notwendigen Vorbereitung...
—ds—

Zeitbedarf	7 Tage.
Abfahrtshöhe	Insgesamt 12400 Hm.
Anreise	Ausgangspunkt ist der bekannte Ferienort (auch Bezirkshauptstadt) Zell am See (757 m), den man von Norden über eine sehr gute Straße von Lofer und Saalfelden aus erreicht. Die Talstation der Bahn auf die Schmittenhöhe liegt in einem Tal, das von der Ortsmitte ca. 2 km nach Westen zieht.
Rückreise	Busverkehr von Schwarzenau durch die Wildschönau nach Wörgl. Von dort mit der Bahn nach Zell am See.
Stützpunkte	Man übernachtet einmal auf einer bewirtschafteten AV-Hütte, zweimal in Berggasthäusern (wo man sich vorher telefonisch anmelden sollte), und zweimal ist man auf Quartiere in den Talorten angewiesen.
Anforderungen	Teilweise ziemlich lange Etappen. Beurteilung der Lawinensituation und das Orientieren nach der Karte sollte man beherrschen.
Hinweise/Tips	Lawinensicherer Pulverschnee wäre das Ideale für diese Tour. Auch der März eignet sich gut.
Führer/Karten	Skiführer Kitzbüheler Alpen (Rother), Österreichische Karte 1:50000, Blatt 120–123.

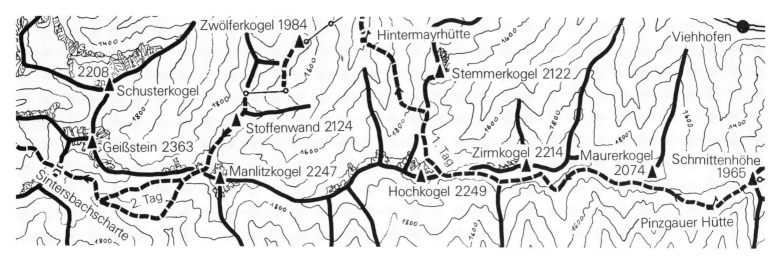

1. Tag: Schmittenhöhe–Pinzgauer Spaziergang–Hinterglemm

Zeit	Aufstieg	Abfahrt	höchster Punkt
5½ Std.	450 Hm	1450 Hm	2150 m

Charakter und Schwierigkeiten: Der sogenannte Pinzgauer Spaziergang ist zwar ein einmaliger Panoramaweg, der 1200 m über dem Tal und vis-à-vis der höchsten Tauerngipfel verläuft, doch mit seinen Querungen von etwa zehn Stunden (!) eignet er sich zum Skifahren wenig. Wir variieren diese Tour deshalb stark, verteilen sie auf zwei Tage und gewinnen damit mehr als 2000 Hm Abfahrt! Bei den Querungen müssen sichere Verhältnisse herrschen (man kann jedoch auch dem Grat über alle Gipfel folgen).

Die Route: Evtl. fährt man schon am Vorabend auf die Schmittenhöhe, um in der Pinzgauer Hütte (1695 m, TVN, 61 Plätze) zu übernachten, die westlich unter dem Kettingtörl liegt. Man kann nun bis zum Klinglertörl stets die Südhänge queren, wobei man den Kamm nur im Rohrertörl und in der Klammscharte berührt. Sicherer und lohnender ist es jedoch, entweder von der Klammscharte in etwa 40 Min. steil auf den Zirmkogel (2214 m) zu steigen oder direkt von Osten den Punkt 2150 anzusteuern (25 Min. Aufstieg), um über den Rücken das Klinglertörl abfahrend zu erreichen. Von dort 100 Hm nördlich hinab, dann links über die Terrasse, kurz aufwärts in die Hackelbergerscharte und auf den Saalbachkogel (2091 m). Schöne Abfahrt über gut geneigte Wiesen zur Hackelberger- und zur Stegeralm und schließlich entweder auf der Piste nach Hinterglemm oder in den Schwarzachengraben und hinauf zur Fritz-Hintermayr-Hütte (1320 m, DAV, 44 Plätze).

Gipfel am Weg: Ohne viel Mühe lassen sich der Maurerkogel (2072 m) und der Rohrerkogel (1995 m) gratentlang überschreiten. Zirmkogel siehe oben.

2. Tag: Stoffenwand–Sintersbachalm–Kuhkaser–Paß Thurn

Zeit	Aufstieg	Abfahrt	höchster Punkt
6 Std.	890 Hm	2200 Hm	2150 m

Charakter und Schwierigkeiten: Eine rasche Folge von Anstiegen, Abfahrten und Querungen, gewürzt mit ein paar Steilstellen und teilweise in einer sehr einsamen Landschaft verlaufend, geben dem Tag seinen Charakter. Als Abschluß und Krönung erfolgt die 1100-m-Idealabfahrt vom Kuhkaser. Die Tour ist nur bei guter Sicht zu finden.

Die Route: Mit den Liften auf den Zwölferkogel, Abfahrt auf der Piste nach Süden und mit dem Seekarlift zur Bergstation. Über die Stoffenwand (2124 m) in die Stoffenscharte und direkt über den schrofigen Rücken (evtl. Ski tragen) auf die Westschulter (2150 m) des Manlitzkogels. Nun entweder immer etwas südlich des Grates in Schrägfahrt zur Stickl-Hochalm und

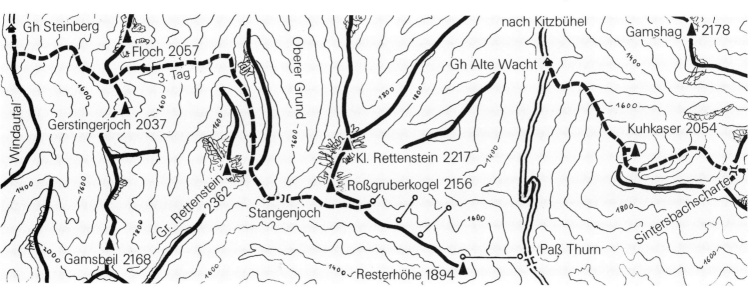

Querung bis oberhalb der Bürglhütte (geschlossen) oder – viel lohnender, doch um eine gute Std. weiter – herrliche 600-m-Abfahrt bis oberhalb des Mühlbachgrabens und parallel zu ihm wieder empor zur Bürglhütte. Von dort 200 Hm steil aufwärts, dann links über einen Bach und weiter nach links auf das Oberende der Stufe. Man ist nun in dem Boden unter dem schwarzfelsigen Geißstein. Ohne Mühe über das wellige Gelände in die Sintersbachscharte (rechter Einschnitt, 2050 m). Über weite Wiesenböden hinab zur Sintersbach-Grundalm und erst nach Süden, später nach Westen über völlig freie Hänge empor auf den Kuhkaser (2054 m). Von dessen Westgipfel anfangs auf dem breiten Nordwestrücken, ab 1500 m Höhe in den sehr steilen Hängen links daneben hindernislose Abfahrt zur Alten Wacht im Jochbergtal – eine sehr beliebte Strecke. Mit dem Bus zum Paß Thurn (1274 m, Gasthöfe).

Gipfel am Weg – Manlitzkogel (2247 m): Von der Westschulter in 20 Min. über den meist abgeblasenen Grat auf diesen mächtigen, aussichtsreichen Gipfel.

3. Tag: Schöntaljoch–Gerstingerjoch–Windautal

Zeit	Aufstieg	Abfahrt	höchster Punkt
7 Std.	1120 Hm	3250 Hm	2030 m

Charakter und Schwierigkeiten: Lange und besonders abwechslungsreiche Bergtour mit sechs kleineren und größeren Abfahrten auf Pisten und im Tiefschnee; malerischer Blick auf den Felsberg Rettenstein (2362 m). Lawinensicherer Schnee und nebelfreies Wetter notwendig.

Die Route: Vom Paß Thurn mit den Liften und langen Zwischenabfahrten auf den Zweitausender. In 1950 m Höhe südlich um den Roßgruberkogel und hinab ins Stangenjoch (1713 m). Aufstieg mit Südschleife ins Schöntaljoch (2030 m). Hindernislose Abfahrt durch das Schöntal, sich dann an die Straße haltend unter den Spießnägeln hindurch (Lawinenstriche) und schließlich wieder über freie Wiesen in den Unteren Grund. Kurz talein bis zur Hintenbachalm, über die Ache und auf dem Fahrweg über Wiesen und durch Wald zu den Hintenkaralmen. Nun etwas nach links auf den Kamm, den man 700 m südlich von der Hintenkarscharte erreicht. Auf der beliebten Gerstingerjoch-Abfahrt zur Scheibenschlag-Niederalm und ins Tal hinab (1000 Hm waldfreie Strecke). Talaus zum Gh Steinberg (880 m).

Gipfel am Weg – Roßgruberkogel (2156 m): Etwa 40 Min. Aufstieg über den Rücken oder daneben in der steilen Ostmulde; spitzer Gipfel, den man zu Fuß besteigt.

4. Tag: Filzenscharte–Nadernachjoch–Bamberger Hütte

Zeit	Aufstieg	Abfahrt	höchster Punkt
5 Std.	1400 Hm	530 Hm	2235 m

Charakter und Schwierigkeiten: Dieser Übergang von einem niedrigen zu einem hohen Stützpunkt führt durch einsamstes Bergland mit schönen Nah- und Fernblicken (Großvenediger). Auch hier braucht man sichere Verhältnisse und eine gute Karte für die Orientierung.

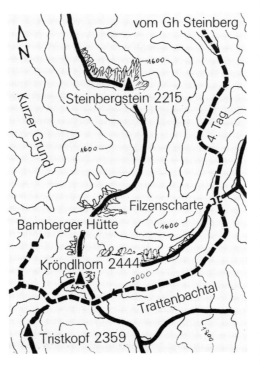

Die Route: Stets auf dem Fahrweg 5,5 km durch das Windautal hinein zur Baumgartenalm. Jetzt links über den Bach und drüben über den mit einzelnen Bäumen bestandenen Hang empor bis auf die Höhe der Foischingalm. Oberhalb der Waldgrenze nach Süden in die Filzenscharte (1686 m). Drüben nur bis in den zweiten Boden hinab (1660 m), dann rechts quer am Hang entlang zwischen Bäumen zur Trattenbach-Hochalm. Rechts des Baches in den Talschluß und über schöne Hänge in den Sattel (2235 m) gleich nördlich des Sonnwendkogels. Über eine kurze Stufe und schräg am Hang hinab ins Nadernachjoch. Schöne Abfahrt etwas nach links bis zum Bach. Drüben kurz empor und über einige Buckel im Gelände hinaus zur Neuen Bamberger Hütte (1756 m, DAV, 78 Plätze, Vorsicht, im Januar nicht regelmäßig bewirtschaftet).

Gipfel am Weg – Sonnwendkogel (2288 m): In 10 Min. vom Sattel auf diesen abgerundeten Kopf. Man kann auch das Kröndlhorn (2444 m) über die schönen Südhänge und durch eine Felsrinne in 45 Min. erreichen – schöner, mächtiger Felsberg.

5. Tag: Ochsenkopf–Kastenwendenkopf–Gerlos

Zeit	Aufstieg	Abfahrt	höchster Punkt
6½ Std.	1170 Hm	1670 Hm	2470 m

Charakter und Schwierigkeiten: Eine der interessantesten Touren der Kitzbüheler Alpen mit der Besteigung zweier großer Gipfel, teilweise einsames Bergland. Gute Verhältnisse und freie Sicht sind Voraussetzung. Ohne Spuren nur mit Hilfe der Karte zu finden.

Die Route: Von der Hütte nach Süden ins Salzachjoch (1983 m). Drüben kurze Abfahrt, ab 1800 m Höhe rechts am Hang entlang leicht abwärts zur Motland-Grundalm (1712 m, Lawinenstriche) im Müllachgraben. 700 m weiter talein über den Bach, dann über die Hänge in langem Anstieg auf den Müllachgeier (2252 m). Querung nach Westen an den Fuß des Ochsenkopfes. Über eine kurze Stufe und durch kleine Mulden in die Gratlücke nördlich des Gipfels. Abstecher auf den stattlichen Berg (2470 m), 15 Min. Dann Abfahrt durch eine steile Mulde zur Pallscharte (2255 m) und nochmals kurzer Aufstieg (wichtig!) auf den nächsten Gratkopf von 2311 m Höhe. Abfahrt in das makellose weiße Kar und hinauf auf den breiten Kastenwendenkopf

Die letzte große Abfahrt unserer Kitzbüheler Durchquerung kommt vom Sonnenjoch (links hinten) herab zur Gressensteinalm im Vordergrund und führt weiter in die hinterste Wildschönau.

(2329 m). Kurz über den Grat nach Westen, dann sehr schöne Strecke durch die Südmulde und über Lichtungen zur Sperasten. Auf dem Fahrweg talaus nach Gerlos (1245 m).

Nun über einen schönen Hang nach Norden hinab zur Krimmlalm und nach links in die Wilde Krimml. Über die weiten Böden nach Westen und von links auf den Rifflerkogel (2496 m). Sehr steile Einfahrt in das Nordwestkar, dann über Böden und kurze Steilstufen nach Westen hinab bis auf 2100 m Höhe. Kurze Querung, dann Gegenanstieg auf die Speikspitze (2326 m). Sich stets rechts haltend über herrlich weites Gelände zur Brunnalm. Kurz durch Wald zur Trogerbrunnalm und links durch Blößen weiter zur Forststraße. Auf ihr, teilweise auch direkter, zu den freien Wiesen von Stummerberg mit dem Berggasthaus

Tannalm (1050 m) in völlig freier Lage hoch über dem Zillertal.

Gipfel am Weg – Kreuzjoch (2558 m): Aus der Wilden Krimml läßt sich der Hauptgipfel der Kitzbüheler Alpen in 1 Std. ohne besondere Schwierigkeiten besteigen.

7. Tag: Märzengrund–Sonnenjoch–Wildschönau

Zeit	Aufstieg	Abfahrt	höchster Punkt
6 Std.	1230 Hm	1500 Hm	2287 m

Charakter und Schwierigkeiten: Zum Abschluß noch eine große und alpine Gipfeltour mit sehr einsamen Aufstieg und einer recht langen Abfahrt. Die Steilstufen erfordern einen sicheren Schnee.

Die Route: Man wandert von der Tannalm stets auf der Forststraße hoch über dem Bach talein zur Gmündasten im Märzengrund. Über den kleinen Wiesengrund auf die andere Talseite und wieder auf dem Fahrweg zur Baumgartenasten und in weiteren 15 Min. zum Waldrand. Nun gerade empor über die steilen Hänge bis in 1900 m Höhe (evtl. bis hier auf der Straße). Nun schräg rechts hinüber in das Steinbergerjoch (1911 m). Auf, später rechts neben dem kaum ausgeprägten Rücken, in meist verblasenem Gelände recht steil auf das Sonnenjoch (2287 m). Dann Abfahrt über freie Mulden und Hänge zur Gressensteinalm, kurz durch ein etwas unangenehmes Waldstück, dann lange Fahrt talaus – vorbei am Gh Schönangeralm – bis in die Schwarzenau (Bushaltestelle). Man kann auch schon vom Steinbergerjoch durch den Luegergraben nach Inneralpbach abfahren.

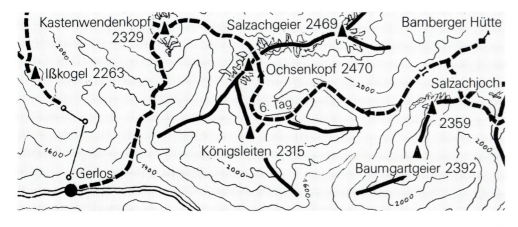

6. Tag: Wilde Krimml–Rifflerkogel–Stummerberg

Zeit	Aufstieg	Abfahrt	höchster Punkt
5 Std.	700 Hm	1800 Hm	2496 m

Charakter und Schwierigkeiten: Der 5. und der 6. Tag bringen die Krönung dieser Durchquerung mit der Besteigung hoher Gipfel, sehr abwechslungsreichen Routen, einem ganz freien Blick nach Süden in die so wilde, formenschöne Reichenspitzgruppe und großen Abfahrten. Gute Verhältnisse sind notwendig.

Die Route: Von Gerlos mit den Liften zur obersten Bergstation. Knapp unter dem Ißkogel südlich hindurch und weiter gegen das Kreuzjoch, bis der Grat schmäler wird.

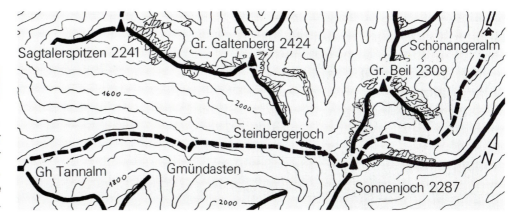

Die nördlichen Kitzbüheler

Wenig Aufstieg und sehr viel Abfahrt

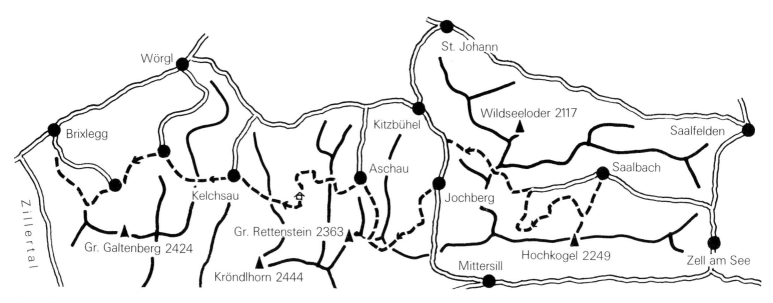

Das Verhältnis von 687 Hm Aufstieg zu 1863 Hm Abfahrt müßte doch jeden Genießer locken und begeistern. Dieses Superangebot gilt sogar für volle sechs Tage! Lieber Tiefschneefreund, sicher schütteln Sie etwas verwirrt ihr Haupt bei diesem eigenartigen Zahlenspiel. Doch die Sache ist ganz einfach: Im nördlichen, so stark erschlossenen Teil des Superskigebietes Kitzbüheler Alpen lassen sich bei einigem Geschick die Liftanlagen so gut nützen, daß das anfangs erwähnte Verhältnis von Aufstieg zu Abfahrt zustande kommt. Selbstverständlich sind die Zahlen Durchschnittswerte der gesamten Route von Saalbach bis hinüber nach Brixlegg. Und das Besondere dieser Tour: Bergauf geht es immer wieder mit Bahnen und Liften, und es folgen dann doch viele Tiefschneeabfahrten.

Die höchsten und mächtigsten Berge der Kitzbüheler stehen im Süden. Von dort führen acht Kämme nach Norden, die immer breitere und sanftere Formen annehmen, zudem von Wiesen überzogen sind und so dieses wirklich ideale Skigelände schaffen. Unsere Route führt stets von einem Tal quer über den Kamm – und meist auch über einen Gipfel – ins Nachbartal. Das ist also keine Hohe Route, sondern gleichsam eine Berg- und Talfahrt, bei der natürlich besonders viele Höhenmeter zusammenkommen. Diese Tour verliert damit die Härte und Dramatik mancher Durchquerung, man braucht sich nie zu schinden und schläft abends stets in einem bequemen Bett. Also auch in dieser Beziehung eine Tour für den Genießer! In dem von Wiesen, Wald und Almmatten geprägten Gelände gibt es natürlich auch steile Passagen, und dann lauert auch hier die Schneebrettgefahr. Doch das Voralpenmäßige stempelt die Kitzbüheler Norddurchquerung zu einer Tour für die Pulverschneezeit. Ideal wäre vielleicht der späte Januar, wenn die Tage schon länger werden, und man wegen der Zwischensaison leichter ein Zimmer in den Ferienorten findet.

–ds–

Zeitbedarf	Sechs Tage.
Abfahrtshöhe	Insgesamt 11 180 Hm.
Anreise	Ausgangsort ist Hinterglemm (1050 m) in der Nähe des berühmten Skiortes Saalbach. Gute Straße, Busverkehr von Maishofen.
Rückreise	Durchgehender Zugverkehr von Brixlegg über Wörgl – Kitzbühel – Saalfelden bis Maishofen.
Stützpunkte	Man ist für die Übernachtungen auf Gasthöfe etc. angewiesen. Starke Überfüllung während der Weihnachtsferien!
Anforderungen	Auch bei dieser Tour braucht man natürlich alpine Grundkenntnisse, vor allem über Orientierung und Lawinengefahr. Da man in einem ausgesprochen beliebten Tourengebiet unterwegs ist, sind jedoch Aufstieg und Abfahrten sehr häufig gespurt.
Tips/Hinweise	Wer über einen „lieben Helfer" mit Auto verfügt, kann jede Tour mit leichtem Tagesrucksack durchführen, da der Übernachtungsort immer mit Pkw erreichbar ist. Das Gelände bei dieser Durchquerung läßt eine Fülle von Varianten und Gipfelbesteigungen zu. Informationen in dem sehr genauen Skiführer.
Führer/Karten	Skiführer Kitzbüheler Alpen (Rother), Österreichische Karte 1:50000, Blatt 120 bis 123.

1. Tag: Hinterglemm–Stemmerkogel–Stoffenwand–Lengau

Zeit	Aufstieg	Abfahrt	höchster Punkt
5 Std.	270 Hm	2440 Hm	2124 m

Charakter und Schwierigkeiten: Am ersten Tag unserer Kitzbüheler Reise haben wir Gelegenheit, uns ohne viel Anstrengung „warm zu fahren" – teilweise auf Pisten, teils im Tiefschnee. Man bekommt dabei einen guten Überblick über die Saalbacher Berge.

Die Route: Von Hinterglemm mit dem Lift

2. Tag: Henlabjoch–Aurachergraben–Jochberg

Zeit	Aufstieg	Abfahrt	höchster Punkt
4½ Std.	800 Hm	1280 Hm	1863 m

Charakter und Schwierigkeiten: Die Einsamkeit und die unberührte Natur bei dieser Bergfahrt bilden einen schönen Kontrast zum ersten Tag mit seinen Liften und Pisten. Typisches Kitzbüheler Wiesengelände mit steilen Stellen, die schneebrettsichere Verhältnisse erfordern.

Die Route: Auf der rechten Bachseite talein und über die freien Hänge steil hinauf zur Forsthofalm. Auf kleinen Terrassen unter dem Staffkogel hindurch nach Norden ins Henlabjoch (1863 m). 500 Hm freie Hänge hinab in den Aurachergraben (immer links des Waldrandes). Auf dem Fahrweg 6 km talaus nach Unteraurach und mit dem Bus nach Jochberg (923 m).

Gipfel am Weg – Sonnspitze (2062 m): Vom Henlabjoch in 40 Min. auf diesen netten Skigipfel. Die Route führt zuerst durch kleine Mulden, dann über den Grat (die letzten Meter zu Fuß). Man kann dann direkt über die steile Südmulde abfahren.

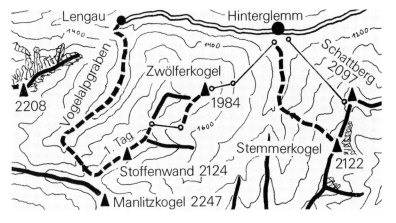

auf den Schattberg-Westgipfel (2095 m). Über die trennende Scharte hinweg nach Süden auf den mächtigen Stemmerkogel (2122 m). 1000 m Abfahrt im Tiefschnee, dann auf der Piste zurück nach Hinterglemm. Nun Liftfahrt auf den Zwölferkogel, Abfahrt auf der Piste zum Seekarlift und mit ihm in die gleichnamige Scharte. Zu Fuß in 30 Min. auf den Gipfel der breitgelagerten Stoffenwand (2124 m). Für die lange Tiefschneeabfahrt in den Vogelalpgraben bieten sich verschiedene Möglichkeiten. Entweder über den rassigen Nordhang zur Unteren Zehentner Hochalm und – sich stark nördlich haltend – schließlich über eine etwas unangenehme Stufe in den Graben hinab. Oder vom Gipfel nach Südwesten in einem weiten Bogen wesentlich weniger steil in den allerinnersten Talboden. Die Stufe hinab ins Haupttal bei Lengau (1130 m) überwindet man am einfachsten links auf der Fahrstraße.

Am zweiten Tag führt die Route aus dem Saalbachtal über das Henlabjoch (rechts hinten) in den Aurachergraben (vorne) und nach Aurach. Der Gipfel darüber ist die Sonnspitze.

3. Tag: Bärenbadkogel–Zweitausender–Stangenjoch–Aschau

Zeit	Aufstieg	Abfahrt	höchster Punkt
6 Std.	150 Hm	1730 Hm	1990 m

Charakter und Schwierigkeiten: Heute wird man zu allererst von der Pistenschaukel Jochberg/Paß Thurn verwöhnt, bevor man sich ab dem Zweitausender noch in einsames Tiefschneegelände begibt. Bei den Hängen unter dem Stangenjoch müssen sichere Verhältnisse herrschen. Die freie Aussicht in die Hohen Tauern mit Großglockner und Großvenediger und der Nahblick auf die beiden so wilden Rettensteine sorgen für eine besondere Würze an diesem Tag.

Die Route: Von Jochberg mit den Liften auf die Wurzhöhe, Abfahrt in den Aubachgraben und wieder per Lift auf den Bärenbadkogel (1881 m). An der Trattenbachalm vorbei zur nächsten Liftstation und hinauf

Gipfel am Weg – Roßgruberkogel (2156 m): Vom Zweitausender über den Rücken oder durch die Steilmulde rechts daneben auf den keck zugespitzten Gipfel, die letzten Meter zu Fuß. 45 Min. Aufstieg.

4. Tag: Brechhorn–Brandeckalm–Rettenbach–Gh Steinberg

Zeit	Aufstieg	Abfahrt	höchster Punkt
4½ Std.	1020 Hm	1200 Hm	2031 m

Charakter und Schwierigkeiten: Reiner Tourentag mit einem beliebten, sehr aussichtsreichen Gipfel und 1200 Hm Wiesenabfahrt – das Ideal einer wenig schwierigen Bergtour in den Kitzbüheler Alpen.

Die Route: Den vielen Spuren folgend von Aschau über eine Steilstufe mit einem Waldstreifen und über schöne Hänge zur Durachalm. Nach rechts zum Kamm und an ihm entlang zur Breitlabalm. Etwas links

An den vielen Almen in den Kitzbüheler Alpen findet sich immer ein wohlig-warmer Rastplatz.

wärts lange Zeit nach Westen (quer über zwei tief eingeschnittene Gräben), bis man das freie Gelände direkt über Rettenbach erreicht hat. Nun wieder gerade hinunter in das kleine Dorf (810 m). Auf der Talstraße 2 km nach Süden zum Gh Steinberg (880 m).

5. Tag: Steinberg–Lodron–Kelchsau

Zeit	Aufstieg	Abfahrt	höchster Punkt
4½ Std.	1070 Hm	1130 Hm	1950 m

Charakter und Schwierigkeiten: Diese Route gleicht in ihrer Art jener des Vortages. Auch die freie, hindernislose Abfahrt vom Lodron ins Kelchsauer Tal gehört zu den Superstrecken des Gebietes.

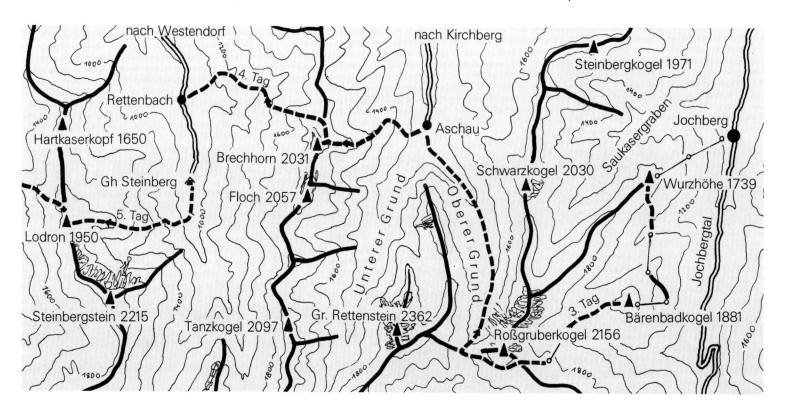

auf den Kopf südlich des Zweitausenders. Ab hier Tourengelände. 50 Hm am Roßgruberkogel empor, dann quer durch die Hänge ins Stangenjoch (1713 m). Rechts des Bacheinschnittes hinab zur Rettensteinalm (Lawinenstriche) und durch den Oberen Grund talaus nach Aschau (1014 m, DAV-Hütte, Gasthäuser).

des Rückens zu einer Schulter und noch kurz zu Fuß auf den Gipfel des Brechhorns (2031 m). Von der Schulter Abfahrt nach Norden und sich stark links haltend zur Brandeckalm. Nach Nordwesten noch 150 Hm tiefer, dann links zwischen ein paar Bäumen zu den nächsten Wiesen. Gerade hinab zur Almstraße. Auf ihr nur wenig ab-

Die Route: Vom Gh 1,4 km auf der Talstraße nach Süden. Auf einem Fahrweg ganz kurz durch Wald auf die freien Hänge. Über eine Steilstufe nach links zum Rücken bei der Unteren Steinbergalm. In schönstem, aussichtsreichem Gelände immer gerade empor über den Steinberg auf den Lodron-Südgipfel (1950 m). Hinüber zum

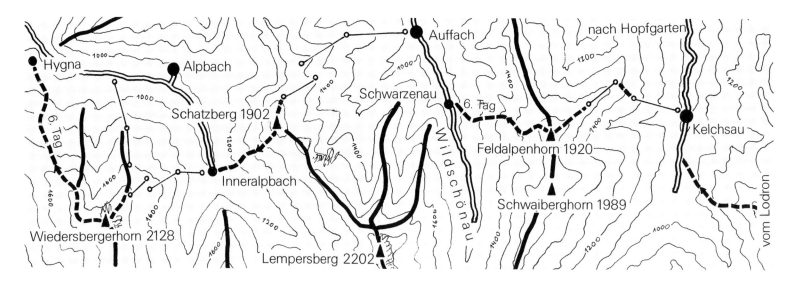

Nordgipfel, dann beginnt die große Abfahrt nach Nordwesten. An der Demmelshütte vorbei bis in 1100 m Höhe. Nun nach Norden längs des Fahrweges nach Kelchsau (789 m).

6. Tag: Feldalpenhorn–Schatzberg–Wiedersbergerhorn–Reith

Zeit	Aufstieg	Abfahrt	höchster Punkt
8 Std.	670 Hm	3400 Hm	2128 m

Charakter und Schwierigkeiten: Dank der Lifte kommt man an diesem Tag zu einer dreiteiligen Riesenabfahrt, die ganz im Tiefschneegelände verläuft. Die beiden kurzen Anstiege sind das Anspruchsvollste unserer Kitzbüheler Nordroute, und sie dürfen nur bei wirklich sicheren Verhältnissen unternommen werden. Das Wiedersbergerhorn ist der höchste Gipfel der sechs Tage.

Die Route: Von den Kelchsauer Liften über den Nordostrücken zum Feldalpenhorn (1920 m). Er bildet am Gipfelaufbau eine recht steile, manchmal unangenehme Stufe, die man evtl. durch eine Querung über die ebenfalls steile Nordflanke zum Nordwestgrat vermeiden kann. Leichte, hindernislose Abfahrt über die Prädastenalm in die Schwarzenau und 2 km talaus nach Auffach (869 m). Bergfahrt zum Schatzberg und über den Rücken auf dessen Südgipfel (1902 m). Wieder hindernislose, diesmal steilere Abfahrt nach Inneralpbach (1000 m). Letzte Liftfahrt, dann zu Fuß über den teilweise schmalen Grat (Ski tragen) auf das Wiedersbergerhorn (2128 m). Über den steilen Südwesthang hinab und hinüber zum Luderstein. Jetzt beginnt die längste Abfahrt, bei der man sich immer wieder nach links orientieren muß. Über die Hochlindalm, Hechenblaiken und Hygna erreicht man schließlich Reith (637 m) bei Brixlegg.

Rund um den Großglockner

Die eindrucksvollste Tour der Hohen Tauern

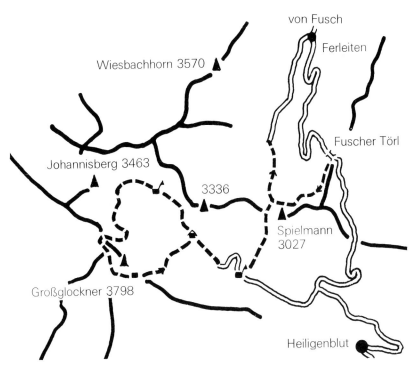

Wenn man von Hochtouren spricht, sollte man mit Attributen wie „am schönsten" oder „am großartigsten" vorsichtig sein, denn solche Urteile sind immer individuell und von den Verhältnissen abhängig. Der Glocknerrunde aber möchte ich diese Attribute (zumindest für den Ostalpenbereich) verleihen: sie führt in den Bereich des höchsten österreichischen Gipfels; auch wenn man ihn nicht mitnimmt, ist man bei seiner Umrundung 4 oder 5 Std. in einer Höhe von über 3000 m unterwegs. Das kostet Kondition und Luft. Die Abfahrt schließlich über den von Jahr zu Jahr wilder werdenden Hofmannsgletscher ist steil, schwierig, spaltenreich, obwohl sie oft gespurt und relativ stark befahren ist. Die Schlußabfahrt schließlich, die Kloben-Käfertal-Abfahrt, gehört mit ihren 1700 Hm zu denen, die im gleichen Atemzug wie Val di Mesdi oder Loferer Seilergraben genannt werden. Und einen Superlativ hat die Glocknerrunde ganz sicher: Sie ist die späteste aller möglichen Touren, der Schlußpunkt einer Tourenfahrersaison, denn sie kann erst gemacht werden, wenn die Glocknerstraße geöffnet ist, so ab Ende Mai oder ab Pfingsten, und dann auch nur für einige Wochen, bis Mitte Juni, dann hat auch hier der Hochgebirgssommer begonnen. Das Besondere an der Glocknergruppe ist ihre starke Vergletscherung. Die Pasterze ist mit 9 km der längste Ostalpengletscher, und rund um den Großglockner liegen allein acht verschiedene Gletscher, die hier „Kees" genannt werden. Dazu kommt, daß das Baumaterial dieser Gebirgsgruppe verschiedene Schieferarten sind (lediglich der Großglockner besteht aus zackigem, hartem Zentralgneis). Das bedeutet weiche, weite Bergformen, weite Täler, aber auch große Distanzen. In diesem Tourenvorschlag über vier Tage werden die zwei schönsten Unternehmungen in der Glocknergruppe kombiniert: die großartige und stark befahrene Klobenabfahrt, eine Tagestour mit Busbenützung die Glocknerstraße hinauf, sowie die berühmte „Glocknerumfahrung", von der Oberwalderhütte ebenfalls als Tagestour möglich. Dazu als Pflichtzuckerl den 3469 m hohen Johannisberg und für sehr gute Alpinisten die Besteigung des Großglockners – das ergibt vielleicht den Höhepunkt eines ganzen Tourenwinters. —sti—

Zeitbedarf	4 Tage, Abfahrtshöhe insgesamt 4000 Hm.
Anreise	Über Zell am See oder über Bischofshofen-Lend nach Fusch und auf der Glocknerstraße bis Ferleiten; hier läßt man das Auto zurück (man kommt nach 4 Tourentagen wieder hierher). Ab Mautstation Ferleiten mit Taxi oder Kleinbussen die Glocknerstraße bis zum Fuscher Törl hinauf.
Stützpunkte	Mehrere AV-Häuser stehen zur Wahl, alle ab Öffnung der Glocknerstraße voll bewirtschaftet.
Anforderungen	Steile Touren, die sich nur für sicheren Frühjahrsschnee eignen. Für die Glocknerrunde Gletschererfahrung nötig, für die Besteigung des Großglockners evtl. Pickel und Steigeisen.
Günstige Zeit	Ab Öffnung der Glocknerstraße (meist zu Pfingsten bzw. ab Ende Mai). Die einzelnen Etappen möglichst früh am Tag beginnen, damit der Schnee nicht allzu schwer wird.
Karten/Führer	AV-Karte Nr. 40 Großglocknergruppe 1:25000. Für die Klobentour AV-Skiführer Ostalpen Band 2.

1. Tag: Fuscher Törl–Kloben–Pfandlscharte–Glocknerhaus

Zeit	Aufstieg	Abfahrt	höchster Punkt
5 Std.	700 Hm	1000 Hm	2936 m

Charakter und Schwierigkeiten: Einfacher Aufstieg (abgesehen von der bei hartem Schnee etwas heiklen Querung direkt nach Verlassen der Glocknerstraße), genußvolle Abfahrten; die südseitige Abfahrt von der Unteren Pfandlscharte kann ab Mittag weichen Schnee haben, die letzten Hänge oberhalb des Etappenziels Glocknerhaus sind eventuell schon schneefrei.
Anstieg: Er beginnt in Ferleiten an der Mautstelle der Glocknerstraße, wo an schönen Wochenenden Dutzende von Skibergsteigern auf die kleinen Busse warten, die ab 6 Uhr früh verkehren. Sie bringen die Tourenfahrer bis zur Schleife der Glocknerstraße südlich des Fuscher Törls (2440 m), von wo aus die oft stark ausgetretene Spur kurzzeitig steil abwärts, dann flach ansteigend zum Brennkogelkees und über den Nordrücken auf den Kloben (2936 m, 1½ Std.) führt.
Die Abfahrt: 50 Hm nach Süden, dann nach rechts auf das Spielmannkees und dieses bis auf eine Höhe von 2400 m hinab. Nun Felle anschnallen und ¾ Std. nach Süden zur Unteren Pfandlscharte (2665 m) aufsteigen. Jenseits nach Süden abfahren, möglichst hoch links oberhalb des kleinen Sees haltend, damit man den rot in der AV-Karte eingezeichneten Sommerweg (Wegmarkierungen, Steinmänner manchmal sichtbar) verfolgen kann, der zum Glocknerhaus (2143 m, OeAV, 80 Plätze) führt.

2. Tag: Hofmannshütte–Oberwalderhütte–(Johannisberg)

Zeit	Aufstieg	Abfahrt	höchster Punkt
3 Std.	900 Hm	–	2973 m

Charakter und Schwierigkeiten: einfacher Hüttenaufstieg, einfache, genußvolle Tour auf den Johannisberg (Gipfel unter Umständen jedoch nur mit Steigeisen zu begehen).
Die Route: Vom Glocknerhaus entweder 1 Std. auf der Glocknerstraße oder über einen Abkürzer-Fußweg bis zum Ende der Fahrstraße mit Kiosken und Parkplätzen. Am Ende des großen dreistöckigen Parkhauses durch eine Eisentüre in den Stollen (Taschenlampe vorteilhaft!) und weiter den beschilderten Weg zur Oberwalderhütte (2973 m, OeAV, 100 Plätze).
Gipfel für den Nachmittag – Johannisberg (3463 m): Diese schöne Eispyramide erreicht man von der Hütte nach längerer Querung und einem weit nach links ausholenden Bogen schließlich von Südwesten (2½ Std. Aufstieg, 450 Hm Abfahrt).

3. Tag: Adlersruhe–Pasterze–Glocknerhaus

Zeit	Aufstieg	Abfahrt	höchster Punkt
7 Std.	800 Hm	1600 Hm	3454 m

Charakter und Schwierigkeiten: Großartige, aber sehr anspruchsvolle und hochalpine Tour über sechs Gletscher, teilweise spaltenreich, Schlußabfahrt steil; früh aufbrechen; bei einfallendem Nebel ist die Gefahr des Verirrens sehr groß.
Die Route: Von der Oberwalderhütte in großem, flachem Halbkreis bis zum Fuß des Teufelskampkees (2900 m). Dieses zunächst steil (evtl. mit geschulterten Skiern), später flach hinauf bis zum Sattel (3426 m) nördlich des Teufelskamps. Jenseits nur wenig abfahrend unter der Glocknerwand hindurch bis in die Lücke nördlich des Punktes 3264 m im Luisengrat. Jenseits Querung südlich um den Glocknerstock bis an die Felsen, die von der Adlersruh herabziehen und über die man dem Sommerweg folgend (einige Seilversicherungen!) die Erzherzog-Johann-Hütte auf der Adlersruhe (3454 m) erreicht. Sie ist einfach bewirtschaftet, evtl. aber auch geschlossen. Von der Adlersruhe aus kann der Gipfel des Großglockners (3798 m) bei guten Verhältnissen mit 3 Std. Zeitaufwand „mitgenommen" werden. Es folgt die 1200-Hm-Abfahrt über den wilden Hofmannsgletscher, wobei in seinem unteren Bereich über mehrere Rinnen weit nach Norden bis an den Fuß des Äußeren Glocknerkeeses gequert wird, wo man die Pasterze erreicht. Diese wird nach Osten überquert, ein flacher Marsch von 2 km Länge; die 200 Hm hinauf zum großen Parkplatz macht man entweder zu Fuß oder mit der Gletscherbahn. Nach ausgiebiger Rast zurück zum Glocknerhaus, um hier eine zweite Nacht zu verbringen.

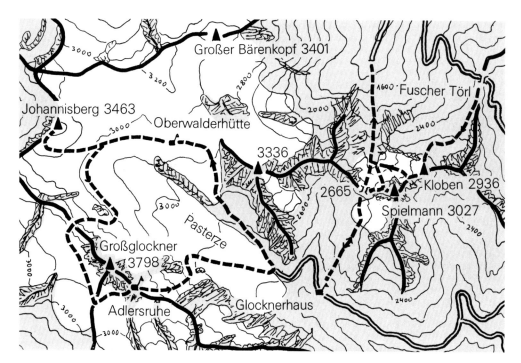

4. Tag: Pfandlscharte–Spielmann–Käfertal–Ferleiten

Zeit	Aufstieg	Abfahrt	höchster Punkt
4 Std.	900 Hm	1700 Hm	3027 m

Charakter und Schwierigkeiten: Problemloser, landschaftlich wunderschöner Aufstieg, rassige Abfahrt (meist zur Piste ausgefahren) hinunter ins Käfertal, zu Fuß oder mit Taxi 7 km hinaus zur Mautstelle Ferleiten an der Glocknerstraße, wo unsere Rundtour auch begonnen wurde.

Die Route: Vom Glocknerhaus längs der Abfahrtsspuren des 1. Tages zurück in die Untere Pfandlscharte (2665 m, 2 Std.). Von hier aus sollte unbedingt der Spielmann (3027 m) über den Westgrat bestiegen werden. Die Skier nimmt man bis unter den Gipfel mit, weil man dann über das Westliche Spielmannskees einen gleichmäßigen, jedoch sehr steilen 300 Hm „Genußhang" abfahren kann, bis man die Klobenabfahrt erreicht und über Steilstücke, Engstellen und festgefahrene Lawinenkegel auf den immer enger werdenden Schneefeldern den Talboden erreicht, seine Skier in der Fuscher Ache wäscht und zu Fuß oder mit den Kleinbussen, die hier die Kloben-Abfahrer wieder zurücktransportieren, nach 7 Straßenkilometern Ferleiten erreicht. Dieser Rücktransport ist übrigens bereits mit der Karte für die Auffahrt zum Fuscher Törl mitbezahlt worden, daher sollte man diese Fahrkarte aufbewahren.

Das Foto zeigt einen ungewöhnlichen Glockner-Anblick, doch es paßt besonders gut zu unserer Tour. Links hinten als weißes Becken das Teischnitzkees, davor Luisengrat und Ködnitzkees. Rechts vor dem Glocknergipfel die Felsrippe, die zur Adlersruhe hinaufführt. Der spitze Berg links hinter dem Glockner ist die Glocknerwand.

Der Venediger und seine Trabanten

Drei Tage in großer Gletscherlandschaft

Der Große Geiger mit seiner Aufstiegsseite, der steilen Südwestflanke. Zur Skitourenzeit ist der Gipfel meist wesentlich tiefer verschneit.

Kilometerlange Gletscherströme mit wilden Brüchen und Steilstufen, mächtige, steil aufragende und von Eis überzogene Gipfel – die zentrale Venedigergruppe präsentiert ein Bild, wie wir es sonst nur aus den Westalpen kennen. Von Bernina und Ortler einmal abgesehen ist es das verlockendste Ostalpen-Tourengebiet für den Erfahrenen, für den richtigen Skibergsteiger, der auch mit spaltenreichen Gletschern und tief von Schnee verpackten Gipfelaufbauten zurechtkommt. Unsere Dreitagestour erlaubt einen ersten, recht informativen Überblick und bietet zugleich eine der ganz großen Abfahrten: Vom Gipfel des Venedigers nach Süden hinab ins Dorfertal. Das ergibt – je nach Schneemenge – einen Höhenunterschied bis zu 2300 m! Der untere Teil der Abfahrt führt jedoch, wie gesagt, durch das Dorfertal. Jeder Eingeweihte weiß, was das bedeutet! Dieser besonders schmale und scharfe Taleinschnitt ist geradezu ein Schulbeispiel für ein V- und damit Lawinental (auch das Maurertal ist nicht viel „gemütlicher"). Falls das Defreggerhaus bewirtschaftet ist, macht man eventuell dort noch einmal Station, ersteigt vielleicht am Morgen „schnell" den Hohen Zaun (3467 m), um dann durch das Tal hinauszufahren, **bevor** der Schnee zu weich und damit gefährlich wird. Doch bei der Venediger-Rundtour sind nicht nur die Abfahrten das Lockende. Gerade während der Anstiege gibt es immer wieder grandiose Nahblicke wie vom Maurerkees auf die eisüberwallten Gipfel über einem, die Simonyspitzen, die Maurerkeesköpfe... oder vom obersten Becken des Obersulzbachkeeses auf die 400 m hohe Nordwand des Großvenedigers. Von dort unten will man es gar nicht glauben, daß man diesem Berg – noch dazu verhältnismäßig einfach – auf das tiefverschneite Haupt steigen kann. Überhaupt – was man während der drei Tage zu sehen bekommt, macht den Mund wässerig nach weiteren Taten. Vor allem im Tourenbereich der Essen-Rostocker-Hütte stehen die großen Frühlings-Gipfel geradezu Parade, die Malham- und Grubachspitzen (3392 m), der Große Happ (3350 m)..., und als Krönung erwarten einen drei großzügige Bergfahrten in einer weiträumigen Gletscherwelt, die beiden Simonyspitzen (3488 m) und die Dreiherrenspitze (3499 m).

—ds—

Zeitbedarf	2½ Tage ohne größere Anstrengungen.
Abfahrtshöhe	Insgesamt 3000 Höhenmeter.
Anreise	Der Zugang zu den Hütten erfolgt aus dem Virgental in Osttirol, einem westlichen Nebenast des Mölltales. Entweder von Norden durch den Felbertauerntunnel (teure Maut) oder von Lienz nach Matrei, dann weiter auf ordentlichen Straßen durch das Virgental bis Streden (1403 m).
Rückreise	Die Route endet in Hinterbichl, das nur 2 km von Streden entfernt ist.
Stützpunkte	Die beiden großen AV-Hütten sind meist nur im Frühjahr bewirtschaftet.
Anforderungen	Keine technischen Schwierigkeiten, doch Begehung zerschründeter Gletscher.
Tips/Hinweise	Maurer- und Dorfertal mit gefährlichen Lawinenstrichen. Im Tourenbereich der beiden Hütten gibt es etwa zehn weitere interessante Frühjahrs-Dreitausender.
Führer/Karten	AV-Skiführer Band 3, Osttiroler Winterführer, AV-Karte Venedigergruppe.

1. Tag: Streden–Maurertal–Essen-Rostocker-Hütte

Zeit	Aufstieg	Abfahrt	höchster Punkt
3 Std.	800 Hm	–	2208 m

Charakter und Schwierigkeiten: Reiner Hüttenanstieg durch ein langgestrecktes, enges Tal, viele Lawinenstriche.

Die Route: Von Streden erst links, ab der Göriacheralm rechts des Baches auf einem Fahrweg zur Talstation des Materialliftes. Rechts über dem teilweise scharf eingeschnittenem Talgrund weiter – unter glatten Lawinenhängen hindurch – bis unterhalb der Hütte. Über einen 100 m hohen Hang zu ihr empor (Essen-Rostocker-Hütte, 2208 m, DAV, 112 Schlafplätze).

2. Tag: Essen-Rostocker-Hütte–Maurertörl–Kürsingerhütte

Zeit	Aufstieg	Abfahrt	höchster Punkt
4½ Std.	900 Hm	700 Hm	3108 m

Charakter und Schwierigkeiten: Relativ problemlose Gletschertour – doch Vorsicht wegen der Spalten! – durch eine fast arktische Eislandschaft inmitten mächtiger, schöngeformter Berge. Abfahrt über das Obersulzbachkees nur bei nebelfreiem Wetter zu finden.

Die Route: Über ganz flache Böden zur Zunge des Maurerkeeses. Auf diesem immer gerade empor – mit der Zeit stärker ansteigend – auf den Kleinen Maurerkeeskopf zu. Erst an seinem Felsfuß nach links und in das Maurertörl (3108 m). Durch eine Mulde, dann über sehr weite Böden zum Punkt 2564, einer Felsinsel. Vor ihr rechts hinab auf die unteren Böden des Obersulzbachkeeses und in einem langen Bogen von 2 km fast eben hinüber und kurz empor zur Kürsingerhütte (2547 m, ÖAV, 147 Schlafplätze).

Gipfel am Weg – Großer Geiger (3360 m): Nur eine zusätzliche Aufstiegsstunde erfordert die Besteigung dieses schönen Felsdreikants. Unter dem Maurertörl biegt man rechts ab und erstürmt den Gipfel entweder mit Ski oder – etwas gemütlicher – zu Fuß über den recht steilen Schnee der Südwestflanke (oder auch über den Südostgrat).

3. Tag: Kürsingerhütte–Großvenediger–Hinterbichl

Zeit	Aufstieg	Abfahrt	höchster Punkt
7 Std.	1230 Hm	2300 Hm	3674 m

Charakter und Schwierigkeiten: Krönung unserer Durchquerung mit Besteigung eines der mächtigsten und bekanntesten Berge der Ostalpen, ein wahrer König der Region, und einer ganz großen Abfahrt. Keine technischen Anforderungen, doch eine hochalpine Bergfahrt über weite Gletscher mit einigen Spaltenzonen. Im letzten Abschnitt sehr scharf eingeschnittenes Tal mit beträchtlicher Lawinengefahr.

Die Route: Von der Hütte über wellige Böden auf das Obersulzbachkees. Nur wenig steigend nach Osten in das Becken unter dem Schwarzen Hörndl und etwas links ausholend über weite Flächen (Spalten) am Schluß steiler in die Venedigerscharte (3414 m). Niemand wird sich nun die Besteigung des nahen Großvenedigers (3674 m) entgehen lassen. Dann Abfahrt in das Rainertörl (3422 m) und weiter über den linken Teil des Rainerkeeses (Spalten) auf die schmale Felsmauer des Mullwitzaderls zu. In 3050 m Höhe Querung auf den Rücken und hinab zum nahen Defreggerhaus (2962 m, ÖTK, wegen Bewirtschaftung bereits im Tal erkundigen!). Ist mit Lawinengefahr im Dorfertal zu rechnen, Übernachtung in dieser Hütte mit der Superlage (Zugspitzhöhe!), um am nächsten Vormittag rechtzeitig durchs Tal fahren zu können. Man sollte dann am Morgen zum Hohen Zaun (3467 m, 1½ Std. Aufstieg) emporsteigen und die Abfahrt dort beginnen. Talfahrt von der Hütte: Durch steile Mulden gerade hinab, dann rechts über die freien Böden der Dorferalm und Mullwitz ins Dorfertal mit der Johannishütte (2121 m). Durch das scharf eingeschnittene Tal auf dem Fahrweg nach Hinterbichl.

Gipfel am Weg – Rainerhorn (3560 m): Vom Rainertörl in 30 Minuten auf den zweithöchsten Gipfel der Venedigergruppe.

Bild der folgenden Doppelseite: Der Gipfelgrat des Großvenedigers, der nach rechts in die Nordwand abbricht.

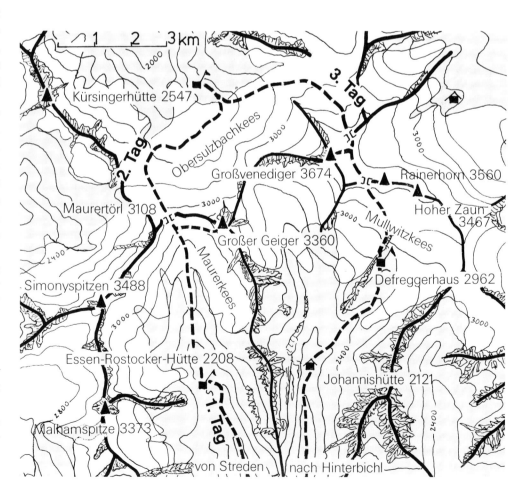

Rund um den Ankogel

Einsame Tage in den östlichen Hohen Tauern

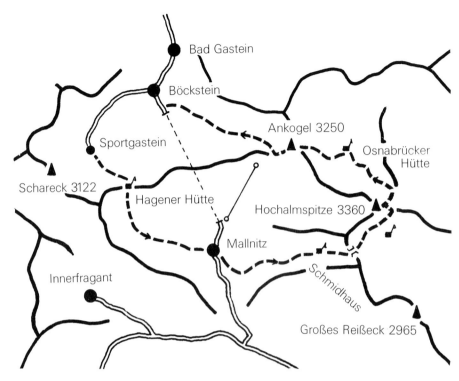

Unsere Rundtour über die Hochalmspitze und den Ankogel ist eine Bergfahrt der Kontraste. Lebhafter Trubel herrscht in den Pisten- und Langlaufzentren Sportgastein und Mallnitz. Dazwischen liegt einsames, hochalpines Tourengelände, und in den drei Alpenvereinshütten ist man meist auf die Winterräume angewiesen. Mit der Hochalmspitze besteigt man zudem den höchsten Tauerngipfel östlich des Großglockners, ein Berg, der seine Umgebung gewaltig überragt und durch seine fast schwarzen Plattenpanzer ins Auge fällt. Der Ankogel, der zweite hohe Gipfel der Gruppe, hat zwei Kuriosa zu bieten: Sein Gipfel wurde schon sehr früh, nämlich vor 225 Jahren zum ersten Mal bestiegen (die erste Skiersteigung geschah bereits 1905!) und im Jahre 1932 fielen die obersten 20 Meter seines Gipfels in einem gewaltigen Bergsturz in die Tiefe. Ein „beschädigter" Berg also, und auch heute noch hat es für ein schönes Holzkreuz auf diesem hervorragenden Aussichtsberg nicht gereicht – nur ein gesplitterter Holzbalken steht auf seinem 3246 m hohen Haupt aus Zentralgneis! Der Blick reicht weit in die Runde: bis zu den Julischen Alpen, den Lienzer und Südtiroler Dolomiten, auf Großglockner, Wiesbachhorn, Kaisergebirge und Steinernes Meer. Allerdings sollte diese Tour erfahrenen Alpinisten vorbehalten bleiben: die ausgesetzte Überschreitung des Ankogel-Gipfels, die 35 Grad steile Einfahrt in das obere Anlauftal oder der mühsame, steile Aufstieg zu den Steinernen Mannln verlangen sicheres Gehen und Routine. Dazu kommen gute Orientierungsfähigkeit und Kondition, um seine Spur selbst anzulegen. Auch muß man mehr Proviant mit sich tragen, denn von den drei Hütten sind allenfalls zwei, und auch diese nur zur Osterzeit, bewirtschaftet, während die Osnabrücker Hütte einen regelrechten Winterschlaf hält. Hat man noch die Gletscherausrüstung im Rucksack, kommt ein ordentliches Gewicht zustande! Beste Zeit sind die Monate April und Mai. Gutes Wetter und sichere Schneeverhältnisse sind selbstverständlich Voraussetzung. Dann aber wird die Runde um die Hochalmspitze zu einer Prachttour, gekrönt von der 1800-Hm-Abfahrt hinaus ins Anlauftal, dem Frühling entgegen. —sti—

Zeitbedarf	4 Tage.
Abfahrtshöhe	Insgesamt 4700 m. Ausgangs- und Endpunkt der Rundtour ist Böckstein (1136 m) nahe bei Badgastein an der Transitstrecke Salzburg – Tauerntunnel – Kärnten.
Stützpunkte	3 AV-Hütten, deren Winterräume offen sind. Die Hagener Hütte und das Arthur-von-Schmid-Haus sind evtl. um Ostern bewirtschaftet. Die Osnabrücker Hütte ist im Winter stets geschlossen.
Anforderungen	Es handelt sich um eine der anspruchsvollsten Touren in diesem Buch. Recht steile Schartenübergänge und die ausgesetzte Überschreitung des Ankogels erfordern alpines Können. Zudem muß man es verstehen, sich in dem weiträumigen Gelände nach der Karte zurechtzufinden.
Tips/Hinweise	Pickel, Steigeisen und evtl. ein Seil sollte man mitnehmen, zudem empfiehlt sich wegen der Winterräume ein Kocher. Es handelt sich ausgesprochen um eine Tour für den Skifrühling, da dann meist die Steilstellen leichter zu überwinden sind und geringere Lawinengefahr herrscht.
Karten	AV-Karten, 1:25000, Blatt Sonnblick und Blatt Hochalmspitze.

Die Hochalmspitze von Norden, links die Abfahrt von der Preimlscharte zur Osnabrücker Hütte.

1. Tag: Sportgastein–Hagener Hütte

Zeit	Aufstieg	Abfahrt	höchster Punkt
3 Std.	850 Hm	–	2446 m

Charakter und Schwierigkeiten: Teilweise steiler Hüttenaufstieg; nur bei sicheren Schneeverhältnissen.

Die Route: Mit dem Linienbus oder Taxi von Böckstein nach Sportgastein (1600 m). Gut 2 km auf der Loipe nach Süden bis an deren Wende am Ende des flachen Bodens. Rechts in 10 Min. leicht ansteigend bis unmittelbar unter die Felsen, die den Talabschluß bilden, und nach links entweder in der relativ steilen Mulde hinauf oder auch auf deren linker Begrenzungsrippe. Nach gut 1 Std. erreicht man das kleine Eselkar. Ganz links über die sehr steile Stufe zur Hagener Hütte (2446 m, DAV, Winterraum 8 Plätze).

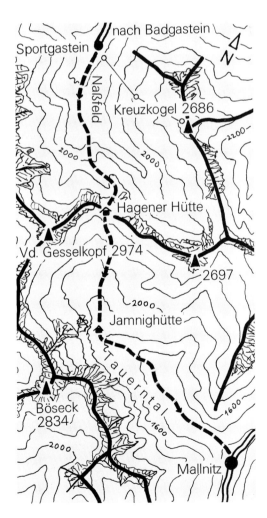

Gipfel am Weg – Vorderer Gesselkopf (2974 m): Dieser mächtige Berg ist ein hochalpines Ziel. Der teilweise steile Aufstieg verläuft erst östlich, dann nordwestlich des Grates. Gipfelaufbau zu Fuß. 2½ Std. Aufstieg.

2. Tag: Mallnitz–Tauerntal– Arthur-von-Schmid-Haus

Zeit	Aufstieg	Abfahrt	höchster Punkt
6 Std.	1100 Hm	1440 Hm	2446 m

Charakter und Schwierigkeiten: Genußreiche Abfahrt, dann flaches Tal nach Mallnitz; steile Stufen beim Aufstieg zur Hütte.

Die Route: Von der Hagener Hütte fährt man über Idealhänge nach Südosten durch das Tauernbachtal ab; nach der Jamnigalm folgt eine kurze Steilstufe durch Wald, und schließlich geht es flach hinaus zum Wirtshaus Gutenbrunn und 3 km auf der Loipe nach Mallnitz (1200 m). Vom Ortszentrum wandert man nach Süden, am Mallnitzer Bahnhof vorbei und sofort danach nach links die Fahrstraße ins Dösener Tal hinein. Sie endet nach 2 km kurz hinter dem Wirtshaus Säuleck; es folgt der Aufstieg zum Arthur-von-Schmid-Haus (2281 m, OeAV, 120 Plätze, Winterraum offen).

Gipfel am Weg – Säuleck (3085 m): Wer noch über große Kraftreserven verfügt, besteigt diesen Idealskiberg über die weiten Böden der Seealm und die Südabdachung (teilweise steil, 2¼ Std. Aufstieg).

3. Tag: Mallnitzer Scharte–Hochalmspitze–Osnabrücker Hütte

Zeit	Aufstieg	Abfahrt	höchster Punkt
5 Std.	1280 Hm	1500 Hm	3360 m

Charakter und Schwierigkeiten: Die großzügige, hochalpine Tour führt über drei recht steile Scharten und auf den höchsten Gipfel der östlichen Hohen Tauern. Sichere Verhältnisse und nebelfreies Wetter sind unbedingt notwendig.

Die Route: Von der Hütte nach Osten über den See und durch Mulden in die Mallnitzer Scharte (2672 m). Über eine kurze, sehr steile Stufe und durch ein schmales Kar 200 Hm hinab, bis man links um die Ecke zum Gößsee queren kann. In einem langen Diagnoalanstieg zum Trippkees und in dessen nordöstlichen Winkel. Über einen sehr steilen Hang und eine Felsstufe (Drahtseil) in die Scharte neben den Steinernen Mannln (3123 m). Nördlich ausholend über den steilen Gletscher auf die Hochalmspitze (3360 m). Abfahrt – sich stets links haltend – zur Preimlscharte (2953 m). Über eine sehr steile Stufe, dann auf Idealhängen zur Osnabrücker Hütte (2022 m, DAV, Winterraum 14 Plätze).

4. Tag: Osnabrücker Hütte– Ankogel–Böckstein

Zeit	Aufstieg	Abfahrt	höchster Punkt
8 Std.	1200 Hm	1800 Hm	3250 m

Charakter und Schwierigkeiten: Alpiner Aufstieg, ausgesetzte Überschreitung des Ankogels, rassige und großzügige Abfahrt (1000 m-Steilhang) durch das Anlauftal zurück zum Auto. Nur bei allerbesten Verhältnissen!

Die Route: Von der Hütte auf einer dem Sommerweg entsprechenden Route (sehr steile Stufe) auf das Kleinelendkees. Diesen Gletscher hinauf bis zum Ankogel-Gipfelmassiv (3250 m). Die Gipfelfelsen werden mit geschulterten Skiern (meist knapp östlich des Grates) überschritten; man erreicht so den Kleinen Ankogel (3090 m). Von hier aus kann man äußerst steil über das Radeckkees abfahren; man kann aber auch weitere 200 Hm in die Radeckscharte absteigen und hier die ebenfalls steile Abfahrt beginnen. Bei den Radeckalmen (1600 m) wird über eine kleine Brücke auf die Nordseite des Anlaufbaches gewechselt; ein mäßig geneigter Ziehweg führt hinaus zum Bahnhof Böckstein.

Im oberen Dösental steht das Arthur-von-Schmid-Haus. Es wird vom Säuleck überragt, einem sehr lohnenden Skidreitausender, der allerdings von hier unten recht abweisend aussieht.

Dolomiten-Skihochroute

In sechs Tagen von der Pala nach Sexten

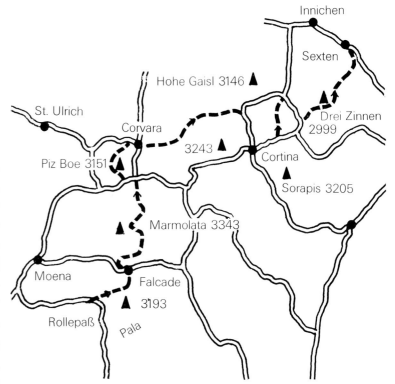

Großartige Dolomiten-Winterlandschaft: Die Abfahrt durch das Val de Mesdi in der Sella.

Eine Woche quer durch das Felsenland der Dolomiten, von Südwest nach Nordosten – das bedeutet Sonne, bizarre, fotogene, senkrechte Felswände, steile Pulverschneehänge und dazu die Gastlichkeit der Talunterkünfte. Als besonderes Plus gibt es häufig die Verkürzung der Aufstiege durch Lifts oder Seilbahnen und dann lange Abfahrten. Toni Hiebeler, der diese Skihochroute aus der Taufe gehoben und immer wieder propagiert hat, faßt die Superlative so zusammen: „Insgesamt werden 149 km zurückgelegt, davon entfallen 11,3 km mit 3614 Höhenmetern auf sechs Bergbahnen, 31 km mit 3213 Höhenmetern auf Autobeförderung (Straßen), 44,1 km mit 5732 Höhenmetern auf Skiaufstiege und 62,3 km mit 12000 Höhenmetern auf reine Skiabfahrten." Diese Zeilen verheißen Traumtage für Skifahrer! Weil so viele mechanische Aufstiegshilfen eingesetzt werden, sind um die Hälfte mehr Abfahrts- als Aufstiegshöhenmeter geboten – die Tiefschneeabfahrtsfreuden überwiegen dabei: Alles in allem eine Tour für Genießer mit relativ kleinen Rucksäcken und gemütlichen Wirtshausabenden mit Rotwein, Dusche und bequemen Betten. Man ist kaum mehr als sechs Stunden am Tag unterwegs. Beste Zeit für diese Tour ist der März. In schneearmen Jahren kann es allerdings Probleme mit den Talabfahrten geben. Einziger Schönheitsfehler ist nur die Rückfahrmöglichkeit vom Ende der Tour bis zu ihrem Ausgangsort; es sei denn, eine Gruppe kommt mit zwei Autos und läßt am Rollepaß und in Sexten je eines stehen. Seil und Gletscherausrüstung sind nicht nötig; der mitgeführte Proviant kann sich auf den Tagesbedarf beschränken, weil ja abends immer ein Gasthaus wartet. Man kann ja im nächsten Jahr wiederkommen und weitermachen. Drei prächtige Skigipfel können bestiegen werden, die knapp über 3000 m hoch sind. Diese Route spielt sich überwiegend in der Region zwischen 2000 und 3000 m Höhe ab. Alle diese Umstände haben die Dolomiten-Skihochroute unter Skitourenfahrern sehr beliebt gemacht, so daß neben dieser „klassischen" inzwischen noch eine weitere entdeckt und propagiert wurde, die aus dem Grödner Tal nach Sexten führt. Grund genug, dieses schöne Bergland ein zweites Mal aufzusuchen!

—sti—

Zeitbedarf	6 Tage für die Skietappen, dazu 1 Anreise- sowie 1 Tag für die Rückfahrt, bzw. um den Pkw am Tourenbeginn (Rollepaß) abzuholen.
Abfahrtshöhe	Insgesamt 11 900 Hm.
Anreise	Ausgangspunkt ist der Rollepaß (1970 m), den man von Bozen aus mit Auto oder Bus über Karerpaß – Fassatal – Predazzo erreicht (ca. 80 km). Anreise auch über Lienz – Bruneck – Corvara – Campolungopaß – Arabba – Pordoijoch (Bruneck – Rollepaß ca. 120 km).
Rückreise	Mit Bus oder Taxi (ca. 140 km!) von Sexten zum Rollepaß, um das Auto zu holen.
Stützpunkte	Talgasthöfe, nur einmal wird eine Hütte des Club Alpino Italiano benützt.
Anforderungen	Eine Anzahl steiler und rassiger Abfahrten, nach starken Neuschneefällen auf einigen Passagen Lawinengefahr.
Führer/Karten	Kurze Beschreibung im Dolomitenbuch von Toni Hiebeler (Süddeutscher Verlag, 1978); Freytag-Berndt-Karten 1:50000, Blatt S 5 und S 10.

Der Kontrast von sanften, weichen Schneeflächen und himmelhohen Felswänden bildet den besonderen Reiz der Dolomiten-Skiroute. Links: im Aufstieg zur Lavarella; rechts: am Fuß des Monte Cristallo.

1. Tag: Rollepaß–Passo del Mulaz–Falcade

Zeit	Aufstieg	Abfahrt	höchster Punkt
4 Std.	500 Hm	1500 Hm	2620 m

Charakter und Schwierigkeiten: Nach kurzer Liftauffahrt zwei Nordostabfahrten, dazwischen liegt der einfache Übergang über den Passo del Mulaz.

Die Route: Am Rollepaß (1970 m), wo wir in einem der Gasthäuser bzw. Pensionen Unterkunft gefunden hatten (empfehlenswert: Pensione Vezzana), besteigen wir morgens den Lift zur Costazza; Bergstation etwas unterhalb der Baita Segantini inmitten einer großartigen Landschaft. Nun 250 Hm östlich hinunter ins Val Venegia, dann wieder östlich im Schatten durch die breite Steilmulde in das Hochkar hinein, das nach zwei Aufstiegsstunden zum Passo del Mulaz führt (2620 m). Nun folgt eine 1500-Hm-Prachtabfahrt: zunächst über steile, dann über flachere Ideal-Nordhänge, hinein in das Focobontal, wobei man sich in der Regel an dessen rechter Talseite hält. Im untersten Teil ist eine schluchtartige Verengung zu durchfahren, bis schließlich über flache, baumbestandene Hänge der Ort Falcade (1100 m) erreicht wird. Man schultert die Skier und

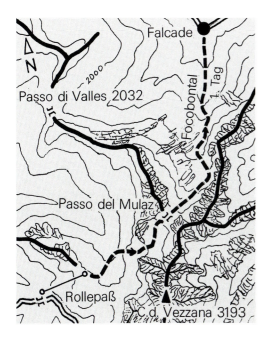

wandert ins Zentrum hinein, von wo man sich mit dem Bus oder Taxi der Hütte, das auf Telefonanruf herunterkommt, zur Pension Flora Alpina (5 km von Falcade entfernt, privat, 1860 m) bringen läßt.

2. Tag: Forcarossa–Malga Ciapela–Marmolata–Fedaja

Zeit	Aufstieg	Abfahrt	höchster Punkt
4 Std.	600 Hm	2300 Hm	3259 m

Charakter und Schwierigkeiten: Gemütlicher, landschaftlich hervorragend schöner Aufstieg zur Forcarossa, genußvolle, steile Abfahrt (im oberen Teil nach Neuschneefällen Lawinengefahr) zum Hotel Malga Ciapela, Auffahrt zur Marmolata-Bergstation, großartige Abfahrt (Piste) über den Marmolatagletscher nach Norden zum Fedaia-Stausee.

Die Route: Vom Gasthaus Flora Alpina steigt man nördlich nach Fuchiade an, einer Ansammlung von Almhütten. Nun östlich auf den breiten Rücken des Monte le Saline; diesen hinauf, bis er fast eben wird und wiederum nach rechts in die große Hochebene des Valfredda, über dem sich die bizarren Gipfel des Sasso di Valfredda (3009 m), Formenton und Pizzo le Crene erheben. Rechts davon die Forcarossa (2490 m). Die 1100-Hm-Abfahrt durch das Valle di Franzedas hat fast immer Idealschnee. Der erste Hang ist sehr steil, dann hält man sich immer auf der linken Talseite und erreicht nach dem letzten Flachstück das Hotel Malga Ciapela. Seilbahn-Auffahrt zum 3259 m hoch gelegenen Marmolata-Restaurant. Nach eindrucksvollem Rundblick und einer kleinen Erfrischung erfolgt die berühmte 1200-Hm-Abfahrt über den Nordhang der Marmolata. Übernachtet wird im Rifugio Castiglioni am Fedaja-Stausee (2044 m, CAI, 70 Plätze).

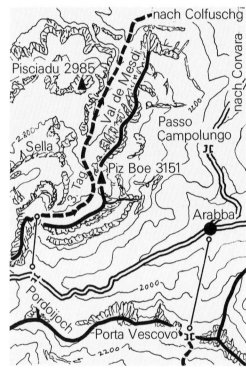

3. Tag: Arabba–Piz Boè–Corvara–Armentarola

Zeit	Aufstieg	Abfahrt	höchster Punkt
7 Std.	700 Hm	2500 Hm	3151 m

Charakter und Schwierigkeiten: Diese Etappe stellt den Höhepunkt der gesamten Tour dar. Der Übergang nach Arabba ist problemlos; es folgen Auffahrt zum Pordoipaß und zur Pordoispitze, der aussichtsreiche Gipfel der Boèspitze, dann folgt die Riesenabfahrt durch das Val de Mesdi und schließlich der Liftzirkus von Corvara.

Die Route: Von der Castiglionihütte nach Norden in die 2562 m hohe Porta Vescovo (Seilbahn projektiert). Jenseits die schönen Pisten nach Arabba hinunter. Den Linienbus zum Pordoijoch (9,5 km) und die Seilbahn auf die Pordoispitze benützen. Nun fährt man 100 Hm nach Osten in die Forcella Pordoi ab, schnallt die Steigfelle an und steigt ½ Std. zum Skidepot am Südfuß des Boègipfels auf. 30 Min. sind es dann noch zu Fuß auf den schönsten Aussichtsberg der Dolomiten. Vom Skidepot quert man auf gleicher Höhe nach Norden, am unbewirtschafteten Rifugio Boè vorbei und zur Einfahrt in das Val de Mesdi. Oben sehr eng und steil; bei harten Schneeverhältnissen sollten die ersten 100 Höhenmeter besser zu Fuß gemacht werden. Dann folgt eine der berühmtesten Pistenabfahrten der Alpen. Oft über knietiefe Buckelpisten bis in ihren unteren Teil, wo es enger und schwieriger wird, und schließlich ganz flach hinaus nach Corvara. Im Ort selbst bummelt man mit geschulterten Skiern 20 Minuten bis zu den Schleppliften, die in mehreren Etappen hinauf zur Pralongia (2170 m) führen. Jenseits über gemütliche, flache Autobahnpisten nach Nordosten, nach St. Kassian hinunter, wo man sich um Quartier kümmern muß. Da die Etappe des nächsten Tages lang ist, versucht man am besten einen Gasthof taleinwärts zu erreichen, also Armentarola oder Valparola (1650 m).

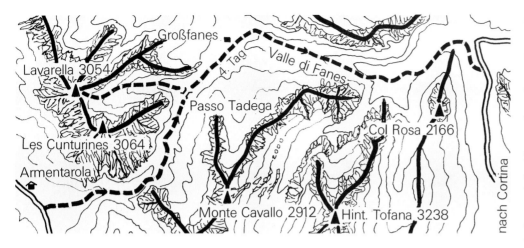

4. Tag: Passo Tadega–Fanestal–Cortina

Zeit	Aufstieg	Abfahrt	höchster Punkt
5 Std.	1400 Hm	1700 Hm	2157 m

Charakter und Schwierigkeiten: Nach dem vorangegangenen Pistentag folgt heute eine Tour in stillen Bergtälern, die jedoch mehr einem Langlauf als einer rassigen Abfahrt entspricht. Die Tour bekommt jedoch durch die Besteigung der Varella einigen Pfiff.

Die Route: Von Armentarola 15 Minuten taleinwärts weiter bis zur großen Steinbrücke. Kurz vorher verläßt man die Straße nach Osten. Nach einer steilen und mühsam zu überwindenden Steilstufe erreicht man nach 1½ Std. den Col Loggia (2069 m), und dann flach nach Norden weiter zum Tadegapaß (2157 m). Flach weiter zur Großen Fanesalm und weiter nach Osten, um entlang des Fanesbaches auf einer Forststraße (Lawinenstriche) in mäßiger Neigung 7 km abzufahren, bis die Autostraße nach Cortina in Sicht kommt. Wir benützen aber parallel dazu unterhalb der Straße die Loipe, die mit ganz geringem Gefälle nach 5 km Cortina erreicht.

Gipfel am Weg – Lavarella (3054 m): Dieser gewaltige Gipfel läßt sich vom Tadegapaß aus in gut 2 Std. durch das schmale Hochkar von Stlü ersteigen – ein feines Skiziel!

Erkennen Sie diesen mächtigen Felsobelisk mit seiner mauerglatten Nordwand? Das ist die Große Zinne – einmal ohne ihre beiden Nachbarn. Zwischen Paternsattel und Drei-Zinnen-Hütte kommt die Route nahe an den Wänden vorbei.

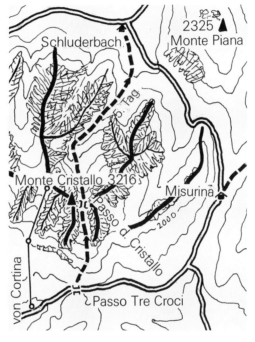

5. Tag: Passo Tre Croci–Passo del Cristallo–Misurina

Zeit	Aufstieg	Abfahrt	höchster Punkt
5 Std.	1000 Hm	1400 Hm	2812 m

Charakter und Schwierigkeiten: Zu Beginn und gegen Ende dieses Tourentages je eine Taxifahrt, dazwischen der steile und einsame Aufstieg zum Passo del Cristallo und die wilde und alpine Abfahrt über den kleinen Cristallogletscher (einige Spalten!) und durch das einsame Val Fonda nach Schluderbach.

Die Route: Mit dem Taxi 8,5 km zum Passo Tre Croci. Aufstieg auf den Col de Varda und weiter durch das sehr steile Hochkar zum Passo del Cristallo (2812 m). Für die Abfahrt wählt man ein Rinne, die bereits von oben als tiefster Einschnitt zu erkennen ist. Von Schluderbach, welches man nach einer 1400-Hm-Abfahrt erreicht, per Anhalter oder mit dem Taxi 7 km nach Misurina (1756 m, mehrere Hotels).

6. Tag: Auronzohütte–Paternsattel–Sexten

Zeit	Aufstieg	Abfahrt	höchster Punkt
6 Std.	800 Hm	1100 Hm	2436 m

Charakter und Schwierigkeiten: Einfacher, schöner Aufstieg vorbei an den Südflanken der Drei Zinnen, hinüber zum Paternsattel und zur Drei-Zinnen-Hütte (geschlossen), steile und im oberen Teil lawinengefährliche Abfahrt ins Fischleintal und nach Sexten-Moos.

Die Route: Von Misurina (1756 m) wählt man für den Aufstieg am besten die Straße, dann quert man nach Osten auf gleicher Höhe an den mächtigen Stöcken der Drei Zinnen vorbei zum Paternsattel (2457 m, 3 Std. von Misurina). Sehr eindrucksvoll die senkrechten Nordwände der Zinnen. Nach weiteren 20 Min. ist die Drei-Zinnen-Hütte erreicht. Die Abfahrt ins Altensteinertal ist oben sehr steil, wird dann unten im Fischleintal flach und führt nach Sexten-Moos (1331 m), dem Endpunkt der Dolomiten-Tour.

Haute Route Tessin

Vom Gletschereis zu den Weinbergen

Diese Hinweise auf die Haute Route Tessin sollen der Anlaß zu ein paar kritischen Worten sein. Kommt eine Aktivität in Mode, dann treibt sie oft die erstaunlichsten Blüten. Üblicherweise wird jener, der vom Fieber nicht erfaßt ist, über die Auswüchse schmunzeln. Beim Skitourengehen muß man jedoch andere Maßstäbe anlegen. Da kann aus einer Modetorheit durchaus tödlicher Ernst werden. Die Haute Route Tessin entspringt einer schon fast krankhaften Suche nach neuen winterlichen Durchquerungen; wer hier etwas Ähnliches wie etwa die bekannte Ötztal-Reibe erwartet, wird seine Überraschungen erleben. Unter „Abenteuer-Urlaub" könnte man diese Tour vielleicht dem breiten Publikum anbieten. Spannend ist die Sache für den wirklich Erfahrenen, mit allen Widerwärtigkeiten vertrauten und ausgesprochen konditionsstarken Bergsteiger, ganz einfach gefährlich wird sie für alle anderen. Natürlich steckt ein großer Reiz und ein hoher „Erlebniswert" in den gebotenen Kontrasten zwischen dem gletscherbedeckten, 3402 m hohen Rheinwaldhorn, den Laubwäldern des südlichen Tessin, den supersteilen Voralpenbergen und den Weingärten über dem Lago Maggiore. Doch, warum bekommt man solche Kontraste sonst nicht geboten? Ganz einfach – sie lassen sich für den Skifahrer nicht unter einen Hut bringen. Kann man wirklich mit gutem Gewissen den Februar für eine Durchquerung der Adula empfehlen? Darf man den Bergsteiger dann ins Superlawinental von Zapport schicken? Wie steht es mit den extrem steilen Südosthängen unter dem Passo di Redorta, über die man nach einem Anstieg über 1440 Hm in schwierigem Gelände abfahren muß? Darf man gegen Mittag durch die wild eingeschnittene Val Redorta talaus fahren, durch diese Lawinenfalle par excellence? So, lieber Skitourenfreund, haben Sie immer noch Verlangen nach dieser Tour? Ja! Gut, dann viel Spaß bei dem Tessin-Abenteuer. Sie werden die Fahrt genießen können und ihren besonderen Reiz erleben, da Sie jetzt die Tour mit der richtigen Grundeinstellung angehen. Und Sie gehören wohl auch zu den harten Burschen, denen es nichts ausmacht, dicke Rucksäcke mit der kompletten Bergausrüstung und dem Essen für mehrere Tage zu schleppen. Und zum Schluß: In einem schwärmerischen Zeitschriftenbeitrag wird diese Route als „Wanderung mit Ski" bezeichnet. Sie verstehen jetzt sicher, warum diese Zeilen so kritisch sind. Denn nur durch sehr eindringliche Worte läßt sich eine falsche Meinung, die sich einmal festgesetzt hat, wieder geradebiegen. —ds—

Steigeisen und Voralpenberge – das ist ein Kontrast, wie ihn nur die Haute Route Tessin bieten kann.

Stützpunkte	Es werden unbewirtschaftete, offene Hütten benützt, oder man übernachtet im Tal; nur für die Bovarinahütte muß man den Schlüssel in Campo Blenio holen.
Anforderungen	Sehr anspruchsvoll; gute Kondition und die Fähigkeit, sich nach der Karte zurechtzufinden, sind unbedingt notwendig. Starke Gefährdung durch Lawinen!
Beste Zeit	Im März läßt sich wohl noch am ehesten ein Kompromiß finden zwischen dem Hochalpinen der Adula und dem Schneemangel im Süden.

Die Route in Stichpunkten

1. Tag:
Hinterrhein – Zapporthütte (2276 m). 4 Std.

2. Tag:
Lentalücke – Rheinwaldhorn (3402 m) – Brescianagletscher – Adulahütte (2393 m). 5½ Std., hochalpin.

3. Tag:
Val Carassina – Passo Muaz – Tunnel – Lago di Luzzone – Campo Blenio (1210 m) – Capanna Bovarina (1895 m). 6 Std.

4. Tag:
Passo di Gana Negra (2401 m) – Samprou – Passo Sole – Capanna Cadagno (1987 m). 6½ Std.

5. Tag:
Cadagno di fuori – Bocchetta del Camoghe – Airolo – Ossasco (Bus) – Capanna Cristallina (2349 m). 7 Std.

6. Tag:
Passo di Naret (2438 m) – Val Sambuco – Fusio (1278 m). 5 Std.

7. Tag:
Prato (742 m, Taxi oder Bus) – Val Pertusio – Passo di Redorta (2181 m) – Val Redorta – Sonogno – Lavertezzo (Bus). Hochalpin, 8 Std.

8. Tag:
Corippo (558 m, Taxi) – Mergoscia – Valle di Mergoscia – Pizzo Trosa (1869 m) – Locarno (197 m, Seilbahn). Sehr steil, 8 Std.

Die Graubündener Skiroute

Viel Abfahrt bei wenig Aufstieg

Vor allem die drei ersten Tage der Graubündener Skiroute in den Plessurer Alpen (zwischen Davos und Lenzerheide) eignen sich auch für den Hochwinter.

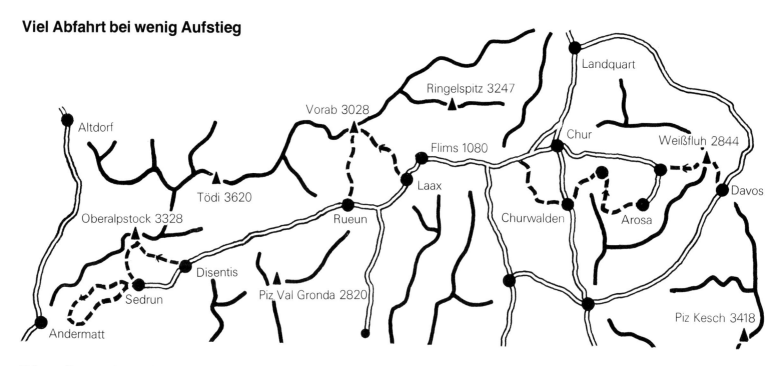

Wie soll man diese Skireise durch Graubünden von Davos bis hinüber zum Oberalp einordnen? Das Ganze ist eine – interessante – Mischung aus Seilbahn- und Lifttourismus mit großen Tiefschneeabfahrten, in die plötzlich mit der Besteigung des Oberalpstockes (3328 m) für einen Tag eine ausgesprochen hochalpine Note kommt. Diese Tour fällt also etwas aus dem Rahmen unseres Buches und soll deshalb hier nur kurz skizziert werden, eine Anregung, ein Gaumenkitzel sein für all jene, die wenig gehen und viel fahren wollen. Denn von dem oben erwähnten Gipfel abgesehen wird man weitgehend von Bahnen und Liften in die Höhe getragen wie einst der Hund zur Jagd. Zudem übernachtet man im Tal, in Gasthäusern oder Hotels, ist außerdem mehrmals auf Bahn, Bus oder Taxi angewiesen. Dennoch darf niemand die Anforderungen bei dieser Tour unterschätzen. Es handelt sich um große Tiefschneeabfahrten in teilweise steilem Gelände – man muß also durchaus mit Lawinen „umgehen" können. Und findet man keine Spuren vor, so braucht der Ortsunkundige für die Orientierung unbedingt die entsprechenden Blätter der Schweizer Landeskarte, und er muß sie – natürlich – zu lesen verstehen. Während der beiden ersten Tage führt die Route durch die Plessurer Alpen, eine Region mit relativ behäbig breiten Bergen, die einen idealen Tummelplatz für Tiefschnee- und Pistenliebhaber abgeben. Ganz anders zeigt sich die Landschaft drüben im Vorderrheintal. Etwa zwei Dutzend sehr markanter, sehr wilder Felsgipfel begleiten das Tal im Norden, von denen die Bergsteiger vielleicht noch den Tödi (3620 m) und unseren Oberalpstock kennen, doch nahezu niemand hat je etwa die Namen Cavistrau Grond (3252 m) oder Piz Urlaun (3360 m) gehört. Ist es nicht an der Zeit, daß Sie sich diese Region einmal etwas näher anschauen?! —ds—

Zeitbedarf	6 Tage, davon 3 bis 4 Tage ohne Anstrengungen.
Abfahrtshöhe	Insgesamt 10 930 Hm.
Anreise	Man sollte sein Auto in Landquart oder Chur stehenlassen und mit der Bahn durch den Prättigau nach Davos (1560 m) fahren.
Rückreise	Von Tschamut mit der Bahn durch das Vorderrheintal nach Chur.
Anforderungen	Sicheres Fahren in steilem Tiefschnee und Orientierungsvermögen sind wichtig. Mit der Besteigung des Oberalpstockes wird ein hochalpiner Akzent gesetzt, wobei die Überquerung der Aultscharte Schwierigkeiten bereiten kann; bei schlechten Verhältnissen braucht man einen Pickel, für schwächere Geher evtl. sogar ein Seil. Vor allem die Abfahrt durch die Val Strem ist stark lawinenbedroht.
Stützpunkte	Es wird stets im Tal übernachtet, und zwar meist in bekannten Ferienorten mit vielen Quartieren.
Tips/Hinweise	Die besten Monate sind Februar bis April. Durch die Benützung der Bahnen und die Übernachtungen im Tal ist die Reise relativ teuer.
Führer/Karten	Alpine Skitouren Graubünden (Verlag Schweizer Alpenclub), Schweizer Landeskarte 1:50 000, Blatt 247, 248, 256.

Kurzer Überblick zu den sieben Tagen:

1. Tag: Davos–Weißfluh–Sapün–Langwies–Arosa

Zeit	Aufstieg	Abfahrt	höchster Punkt
3 Std.	–	1470 Hm	2843 m

Charakter und Schwierigkeiten: Große Tiefschneeabfahrt von einem der berühmtesten Pistenberge der Alpen, keine ernsthaften Schwierigkeiten, doch Lawinenstriche.
Die Route: Mit den Bahnen von Davos auf die Weißfluh (2843 m, hindernisloser Rundblick). Abfahrt durch das Hautertälli mit seinen Steilstellen in wunderbarem Skigelände nach Sapün und auf dem Fahrweg talaus nach Langwies (1377 m). Mit der Bahn nach Arosa (1775 m).
Alpine Variante: Pistenabfahrt von der Weißfluh nach Norden und Westen nach Barga und mit dem Lift ins Fondeier Fürggli (2308 m). Nördlich um Punkt 2430, dann über den Ostgrat aufs Mattjischhorn (2461 m, etwa 1 Std. Aufstieg). Vorsichtig über den oberen Südgrat hinab bis in 2350 m Höhe, dann herrliche Tiefschneehänge nach Pirigen. Wie der Sommerweg über Lichtungen und durch Wald nach Langwies (insgesamt 2020 Hm Abfahrt).

2. Tag: Hörnli–Tschiertschen–Churwalden

Zeit	Aufstieg	Abfahrt	höchster Punkt
3 Std.	–	1970 Hm	2514 m

Charakter und Schwierigkeiten: Gemütliche, nur mit wenigen steileren Stellen gewürzte Bummeltour von einer beliebten Skiregion in die nächste. Man kann die Tage 1 bis 3 mühelos zu einer Zweitagestour verkürzen.
Die Route: Von Innerarosa mit der Hörnlibahn zur Bergstation (2514 m). Tiefschneeabfahrt nach Norden durch das Tal von Urden, dann links am Hang entlang hinüber nach Tschiertschen (1343 m). Mit zwei Schleppliften ins Churerjoch (2020 m), flache Abfahrt nach Oberberg und wieder steiler nach Churwalden (1229 m).

3. Tag: Wildegga–Domat–Laax

Zeit	Aufstieg	Abfahrt	höchster Punkt
3 Std.	–	1680 Hm	2282 m

Charakter und Schwierigkeiten: Große Abfahrt im Voralpenstil, teilweise steil, die Hauptschwierigkeit besteht darin, von einer Lichtung zur nächsten zu finden. Gute Karte unbedingt notwendig!
Die Route: Mit den beiden Pradaschiererliften nach Wildegga (2282 m). Über die wellige Hochfläche leicht abwärts in den Sattel zwischen Dreibündenstein und Tgom Aulta. Im Tälchen kurz nach Norden, dann nach links hinaus und hinab zur Alp Urtgicla. Wieder nach links zu den Wiesen von Zeus, 300 Hm abwärts, dann nochmals links und nach Samun. Im untersten Wieseneck beginnt ein – etwas unangenehmer – Ziehweg; er bietet die einzige Abfahrtsmöglichkeit durch den steilen Wald ins Tal. Dann von Domat (581 m) mit dem Bus über Flims nach Laax (1016 m, berühmte Skistation).

4. Tag: Vorab–Fil de Ranasca–Rueun–Disentis

Zeit	Aufstieg	Abfahrt	höchster Punkt
3 Std.	150 Hm	2400 Hm	3018 m

Charakter und Schwierigkeiten: Diese grandiose Riesenabfahrt führt lange Zeit über völlig freies Gelände, dann folgen Lichtungen und schließlich die Talregion. Wegen der reinen Südlage der Strecke wäre Firn der ideale Schnee.
Die Route: Mit den großen Bahnen zum Glarner Vorab (3018 m) und auf dem Gletscher in den Sattel neben dem Vorab Pitschen. Nach Süden über den Steilhang hinab, dann sich immer etwas nach rechts haltend über weite Böden, schließlich in einer kurzen, steilen Querung in die Fuorcla de Ranasca. Man folgt nun dem oft freigeblasenen Kamm nach Süden auf den Fil de Ranasca (2350 m). Dieser halbstündige Gegenanstieg (man kann den Kamm auch östlich in 2000 m Höhe queren, weniger lohnend) ermöglicht die durchgehende und sehr zügige 1600-m-Abfahrt über Alp de Rueun, Cuolms de Rueun ins Tal des Vorderrheins. Von Rueun mit der Bahn nach Disentis.

Linkes Bild: Das Foto zeigt den Gipfel unserer „alpinen Variante", das Mattjischhorn.
Rechtes Bild: Bei der Abfahrt von der Weißfluh nach Sapün gibt's oft den schönsten Pulverschnee.

5. Tag: Aultscharte–Oberalpstock–Val Strem–Sedrun

Zeit	Aufstieg	Abfahrt	höchster Punkt
5 Std.	550 Hm	1880 Hm	3328 m

Charakter und Schwierigkeiten: Der Oberalpstock ist der König unter den vielen Skigipfeln des Vorderrheintales, ein ausfallender Gletscherberg mit einem hindernislosen Rundblick und einer baumfreien, rassigen 1800-m-Abfahrt. Hochalpine Tour, Felsscharte mit Drahtseil; Val Strem extrem von Lawinen bestrichen.

Die Route: Mit Bahn und Liften bis 2900 m Höhe unter den Pez Ault und rasch empor über die Felsstufe in die Aultscharte. Hinab auf den Brunnifirn und Aufstieg zum Ostfuß des Gipfels. Steil, das letzte Stück zu Fuß, auf den alles überragenden Berg. Dann Abfahrt zur deutlichen Schulter im Südgrat (3100 m) und über hohe Steilhänge nach Südwesten, schließlich durch die Val Strem, ein enges V-Tal, hinaus nach Sedrun (1404 m).

6. Tag: Cuolm Val–Oberalppaß–Pazolastock–Tschamut

Zeit	Aufstieg	Abfahrt	höchster Punkt
5 Std.	880 Hm	1530 Hm	2740 m

Charakter und Schwierigkeiten: Wie wäre es mit einer abwechslungsreichen, mittellangen Gipfeltour zum Ausklang? Besonders interessant ist der Rückblick vom Pazolastock ins oberste Vorderrheintal. Sichere Verhältnisse sind notwendig.

Die Route: Mit den Liften nach Cuolm Val und kurze Steilabfahrt in die Val Val. Dann über den Paß Tiarms zum Oberalppaß (2044 m). Von dort recht steiler Aufstieg über Las Puozas zum Ostgrat und in einer Südschleife auf den Pazolastock (Piz Nurschalas, 2740 m). Freie Steilabfahrt vom Südgrat nach Osten (sich rechts haltend) und über Böden hinaus nach Tschamut (Bahnhof).

Südliche Aostaberge

Zwischen Gran Paradiso und Rutor

Gleich vorab: Wir servieren hier kein fertiges Menü, es folgen nur ein paar Hinweise, die Ihren Appetit reizen sollen. Südliche Aostaberge kann man diese Mahlzeit nennen. Der Viertausender Gran Paradiso mit seiner makellosen Gletscherabfahrt ist das Hauptgericht. Davor und danach gibt es vier erlesene Schmankerl, echte Gaumenfreuden für den erfahrenen Tiefschneefuchs dank der ganz großen, in den höheren Regionen fast hindernislosen Abfahrtsstrecken (nur bei den Abbrüchen in die Haupttäler fordert manchmal der Wald zu einem Slalom heraus). Eine besondere Würze geben die Steinbockrudel beim östlichen Teil der Route (Nationalpark Gran Paradiso). Das Einmalige an der Aostatour aber ist die Routenführung. Fünfmal gehört ein Gipfel zwischen 3337 m und 4061 m zum Tagespensum – und ein Gipfel ist noch immer die Krönung einer Bergtour. Wieviel Reiz verliert doch manche bekannte Durchquerung dadurch, daß sie nur von Scharte zu Scharte führt. —ds—

1. Tag: Von Cogne (1534 m) nach Valnontey. Auf dem Weg ins Tal von Lauson und links des Baches zum Rifugio Vittorio Sella (2584 m, CAI, 160 Plätze, 3½ Std. und 1050 Hm Aufstieg).

2. Tag: Von der Hütte über den Lausongletscher auf den Gran Sertz (3552 m, letztes Stück sehr steil zu Fuß). Abfahrt über den Timoriongletscher in das Tal von Levionaz und auf dem Weg über eine Waldstufe nach Tignet in der Valsavarenche. Gesamtzeit 6 Std., 1900 Hm Abfahrt.

3. und 4. Tag: Straße nach Pont (1960 m). Über eine sehr steile Stufe und über Hänge zum Rifugio Vittorio Emanuele (2732 m, CAI, 130 Plätze, 2 Std. Aufstieg, Übernachtung). Nach Nordosten auf den Gran-Paradiso-Gletscher und über mehrere Stufen auf den Gran Paradiso (4061 m, die letzten Meter zu Fuß). 2040 Hm Abfahrt auf gleicher Route nach Pont und talaus nach Eaux Rousses (1666 m). Gesamtzeit ab Hütte 7 Std.

5. Tag: Ins Nampiotal und auf die Ostschulter der Costa del Mantello. Kurz hinab, dann über den Perciagletscher auf die Cima di Entrelor (3430 m, kurz steil zu Fuß). Idealabfahrt über den Gletscher und die Vallone von Entrelor zur gleichnamigen Alm. Sehr steil durch Wald nach Rhêmes-Notre-Dame (1723 m). Gesamtzeit 7 Std., 1700 Hm Abfahrt.

6. Tag: Bequemer Anstieg durch das Tal zum Rifugio Benevolo (2285 m, CAI, 46 Plätze, 2½ Std.). Evtl. noch eine Gipfeltour, z.B. zum Roc de Bassagne (3220 m, 3 Std. Aufstieg, 940 Hm Abfahrt).

7. Tag: Von der Hütte nach Südwesten über Stufen auf den Golettagletscher und weiter auf die Pointe de la Traversière (3337 m, am Schluß steil). Hindernislose Abfahrt über den Gliairettagletscher zum Rifugio Bezzi (2284 m, CAI) und talaus nach Bonne in der Valgrisenche (1810 m, Hotel). Gesamtzeit 7 Std., 1600 Hm Abfahrt.

8. Tag: Zur Alp Vieille und über Steilstufen zum Rifugio Scavarda (2912 m, CAI). Über den Moriongletscher und eine sehr steile Stufe in den Col del Rutor (3373 m, Abstecher zu Fuß auf die Testa del Rutor, 3486 m). Idealabfahrt über den Rutorgletscher, dann durch das enge Tal nach La Joux und in den Skiort La Thuile (1447 m). Gesamtzeit 8 Std., 1930 Hm Abfahrt.

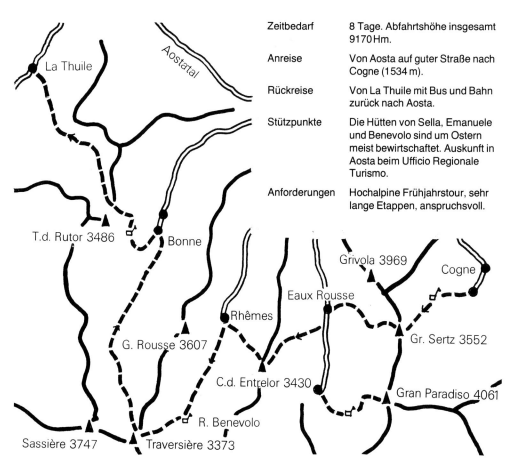

Zeitbedarf	8 Tage. Abfahrtshöhe insgesamt 9170 Hm.
Anreise	Von Aosta auf guter Straße nach Cogne (1534 m).
Rückreise	Von La Thuile mit Bus und Bahn zurück nach Aosta.
Stützpunkte	Die Hütten von Sella, Emanuele und Benevolo sind um Ostern meist bewirtschaftet. Auskunft in Aosta beim Ufficio Regionale Turismo.
Anforderungen	Hochalpine Frühjahrstour, sehr lange Etappen, anspruchsvoll.

Im Tourengebiet der Benevolo-Hütte mit Pointe de Calabre und Roc du Fond.

Die zentralen Berner Alpen

Im Reich der großen Eisberge

Am sogenannten Hugisattel, einer Schulter des Finsteraarhorns, bleiben die Skier zurück. Durch den Blick von unten nach oben wirkt der Gipfelgrat auf unserem Foto zu kurz und flach.

Berner Alpen ohne Gipfel – das wäre wie eine Suppe ohne Salz. Nein, das ist noch viel zu schwach ausgedrückt, dann würde das Wesentliche, das Wichtigste, das Krönende fehlen. Seinen für alpine Verhältnisse ganz einmaligen Charakter erhält der zentrale und höchste Teil der Berner Alpen durch die Eisströme von wirklich arktischer Größe. Auf einer Strecke von vollen 25 km (!) ist man ununterbrochen auf Gletschern unterwegs. Die Eisströme liegen flach in den riesigen Becken, es gibt kaum eine steilere Stufe, der Tourengeher fühlt sich so recht als Ameise in dieser unbegrenzten Weite. Hier müßte man fast mit Langlaufskiern unterwegs sein. Doch diese Tour bekommt sofort einen anderen Charakter, wenn man die Gipfelfahrten einbezieht. Westalpenerfahrung, eine gute Höhenanpassung und eine ausgezeichnete Kondition gehören dann zum unbedingt notwendigen Rüstzeug. Eine ernste Note bekommt die Tour zudem durch das berüchtigte Berner-Alpen-Wetter. Dieser gewaltige Bergstock wächst so unvermittelt über dem Alpenvorland empor, daß sich hier das von Nordwesten anrückende Schlechtwetter in besonders heftiger Weise entlädt. Die ungewöhnlich starke Vergletscherung ist ein sichtbares Zeichen dafür. Nicht durch Zufall finden wir im Aletschgletscher den längsten und mächtigsten Eisstrom der Alpen. Doch zurück zur Tour. Stellt sie nicht einen Höhepunkt im Leben jedes Skitourenfreundes dar? Drei Gipfel um und über viertausend Meter Höhe, eine überwältigende Eislandschaft und 5600 Höhenmeter Abfahrt erwarten einen in nur fünf Tagen. Das Finsteraarhorn mit seinen 4274 m ist zudem das höchste Ziel in diesem Buch. Wie in allen anderen Gebieten haben Steilhangspezialisten auch in den Berner Alpen manche Durchquerungsmöglichkeit „erfunden", etwa einen Zugang von Kandersteg über die Blümlisalphütte, das Kiental und die Mutthornhütte ins Lötschental oder auch eine Nordostergänzung über Scheuchzerhorn und Rosenegg nach Rosenlaui. Doch das sind Fahrten, die nur an wenigen Tagen im Frühjahr wirklich zuverlässige Verhältnisse bieten, und die wegen der unbewirtschafteten Hütten und der damit verbundenen Schlepperei zur reinsten Expedition ausarten – und eigentlich soll auch eine große Tour vor allem Spaß machen!

–ds–

Zeitbedarf	Fünf Tage, wegen des unsicheren Wetters sollte man jedoch etwas mehr Zeit einplanen. Abfahrtshöhe insgesamt bis zu 5600 Hm.
Anreise	Da das Wallis während der Wintersperre der Pässe von Grimsel und Furka nur umständlich zu erreichen ist, kann man sein Auto gleich in Kandersteg (Zufahrt von Spiez, Kanton Bern) abstellen und mit der Bahn durch den Lötschbergtunnel nach Goppenstein und von dort mit dem Bus nach Blatten (1540 m) fahren.
Rückreise	Mit Zug oder Bus von Münster nach Brig und mit der Bahn zurück nach Kandersteg.
Stützpunkte	Die drei Hütten des SAC sind zur Skitourenzeit meist bewirtschaftet (in Blatten erkundigen).
Anforderungen	Anstrengende und hochalpine Westalpenfahrt, nur für geübte Skibergsteiger; bei Schlechtwetter wegen der weiten Gletscherflächen ohne alle markante Punkte gefährlich.
Tips/Hinweise	Die günstigsten Monate sind April und Mai. Bergsteiger mit dickem Geldbeutel können die Tour auch mit einer Fahrt von Grindelwald zum Jungfraujoch beginnen.
Führer/Karten	Landeskarte der Schweiz, 1:50000, Blatt 264 (mit Textangaben zu den Skirouten) und 265.

1. Tag: Blatten–Langgletscher–Hollandiahütte

Zeit	Aufstieg	Abfahrt	höchster Punkt
6½ Std.	1700 Hm	–	3238 m

Charakter und Schwierigkeiten: Den Auftakt bildet ein langer und anstrengender Marsch aus der Waldregion bis hinauf ins arktische Eis. Das Besondere des Weges: Das Tal führt während des gesamten Anstiegs schnurgerade auf die Lötschenlücke mit der Hütte zu. Das Einmalige der Tour: Im Süden begleitet einen stets eine gewaltige Bergkette mit eisüberwallten Wänden von mehr als 1000 m Höhe.
Die Route: Von Blatten auf der Straße bis Gletscherstafel (1772 m). Über den Bach und im Talgrund auf den Langgletscher. Über den Eisstrom in die Lötschenlücke (3178 m) und nach links in einem Bogen zur Hollandiahütte (3238 m, SAC, 106 Plätze).
Variante: Von Grindelwald (Zufahrt von Interlaken) mit der Zahnradbahn zum Jungfraujoch (3454 m), schöne Abfahrt über den Jungfraufirn (700 Hm) und Gegenanstieg zur Hollandiahütte.

2. Tag: Ebnefluh–Aletschfirn–Konkordiahütte

Zeit	Aufstieg	Abfahrt	höchster Punkt
6 Std.	860 Hm	1200 Hm	3962 m

Charakter und Schwierigkeiten: Die Ebnefluh – exakt 1000 m höher als die Zugspitze – bietet eine Tour ganz eigener Art: Von der Hütte bis zum Gipfel ist man nur auf dem Gletscher unterwegs, und auch der höchste Grat besteht vollständig aus Eis. Eine Tour in großer Höhe, Spaltenzonen, doch keine technischen Schwierigkeiten, der letzte Grat kann jedoch vereist sein.
Die Route: Von der Hütte über die breite, sanfte Terrasse des Ebnefluhgletschers parallel zum Anengrat bis in 3500 m Höhe. Nunmehr nach rechts durch das weite Becken und schließlich über einen steilen Hang (Spalten) auf die Westgratschulter. Über den breiten Rücken mit Ski oder zu Fuß zum Gipfel der Ebnefluh (3962 m). Herrliche Abfahrt zurück bis vor die Hütte und

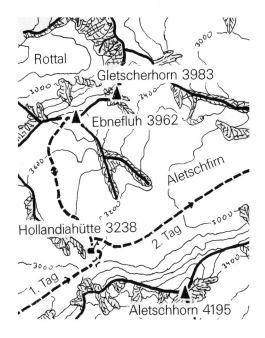

Ein großer Eisbruch behindert den Zugang zum Hinterfiescherhorn.

hinab auf den Großen Aletschfirn. Ganz flach weiter zum Konkordiaplatz. Gegenüber am Westfuß des Faulbergs liegen 100 m über dem Gletscher die beiden Konkordiahütten (2850 m, SAC, 60 Plätze, Leiteraufstieg zur Hütte, bei Nebel schwer zu finden).

3. Tag: Grünhornlücke–Fiescherhorn–Finsteraarhornhütte

Zeit	Aufstieg	Abfahrt	höchster Punkt
7½ Std.	1450 Hm	1150 Hm	4025 m

Charakter und Schwierigkeiten: Für starke Westalpenbergsteiger ist der Übergang Konkordiahütte – Finsteraarhornhütte nur ein „Katzensprung". Es bleibt also Zeit für einen Viertausender. Da das Großgrünhorn (4043 m) sehr anspruchsvoll ist und keine ideale Abfahrt bietet, wird hier das Hinterfiescherhorn empfohlen. Weite, von einer spaltenreichen Steilstufe unterbrochene Gletscherflächen, ganz kurzer Gipfelanstieg zu Fuß. Grandioser Blick auf alle Viertausender der Berner Alpen.
Die Route: Über den Grüneggfirn in die Grünhornlücke (3286 m, eindrucksvoller Blick auf das Finsteraarhorn) und Abfahrt bis in 3100 m Höhe. Jetzt nach links auf den Boden des Fieschergletschers. Auf ihm nach Norden bis in 3260 m Höhe. Der große

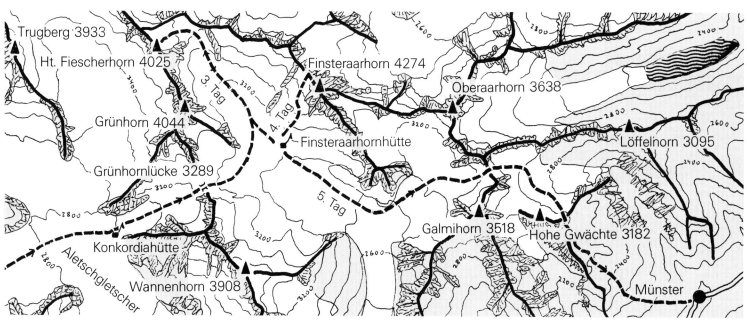

Gletscherabbruch mit seinen gewaltigen Spalten (Seil) wird ganz rechts überlistet. In einem Bogen auf das Hinterfischerhorn zu und nur die letzten Meter zu Fuß auf den Gipfel. Abfahrt auf der gleichen Route bis auf den Boden des Fieschergletschers und ganz kurz empor zu den Finsteraarhornhütten (3048 m, SAC, 115 Plätze).

4. Tag: Besteigung des Finsteraarhorns

Zeit	Aufstieg	Abfahrt	höchster Punkt
6 Std.	1220 Hm	1050 Hm	4274 m

Charakter und Schwierigkeiten: Das Finsteraarhorn ist nicht nur der Hauptgipfel dieses Gebietes, es gehört zu den formenschönsten Bergen der Alpen. Eine Besteigung zur Skitourenzeit sollte der „Normalbergsteiger" nur unternehmen, wenn die Felsen am langen, ausgesetzten Gipfelgrat schneearm und eisfrei sind. Kletterstellen im Schwierigkeitsgrad II. Ungewöhnlich eindrucksvolle Abfahrt: ein steiler 1000-m-Hang ohne Hindernis!

Die Route: Von den Hütten über einen sehr steilen Hang gerade empor, dann etwas mehr nach links zum Frühstücksplatz in der Südwestrippe des Gipfels. Jenseits über die steilen Gletscherhänge gerade empor in den Hugisattel (4094 m, Skidepot). Auf und knapp rechts neben dem Felsgrat auf den alles überragenden Gipfel. Rückweg auf gleicher Route.

5. Tag: Galmilücke–Eukumme–Münster

Zeit	Aufstieg	Abfahrt	höchster Punkt
5 Std.	550 Hm	2200 Hm	3293 m

Charakter und Schwierigkeiten: Der würdige Abschluß zu einer der ganz großen Skidurchquerungen, ungemein spannende, rassige Abfahrt. Nur bei ganz sicherem Schnee und zuverlässigem Wetter durchführbar. Bei unsicheren Verhältnissen ist eine Rückkehr über Grünhornlücke, Konkordiaplatz, Aletschgletscher zur Riederfurka und Riederalp vorzuziehen.

Die Route: Von der Hütte nach Südosten sanft abwärts an den Südfuß des Finsteraar-Rothorns. Nun über den Galmifirn wieder empor und genau nach Osten in die Galmilücke (3293 m). Über eine kurze Stufe hinab, dann sehr schöne Abfahrt auf dem Münstigergletscher, um einen Felssporn nach rechts und auf die Hohe Gwächte zu. Kurzer Aufstieg auf deren Ostschulter. Drüben durch eine Mulde und über eine Stufe abwärts in das Hochtälchen Eukumme. Am Hang leicht empor auf die Ostschulter des Kastelhorns. Über schöne Böden zur Judenstafel und nach rechts auf dem Fahrweg (oder durch Lichtungen) hinab nach Münster (1388 m).

Gipfel am Weg – Vordergalmihorn (3518 m): Gut 1 Std. Aufstieg erfordert dieser interessante Eisberg mit seiner Steilabfahrt. Vom oberen Galmifirn über einen zerschründeten Gletscherarm in die Bächilücke (3391 m, zwischen den beiden Galmihörnern). Über das Eisdach auf den nach Süden vorspringenden Gipfel.

Blick vom Ewigschneefeld auf die Fiescherhörner. Das Hinterfischerhorn ist noch der einfachste unter den Viertausendern der Berner Alpen.

Haute Route

Von Argentière nach Saas Fee – die Tour der Touren

Mit Rosablanche-Variante

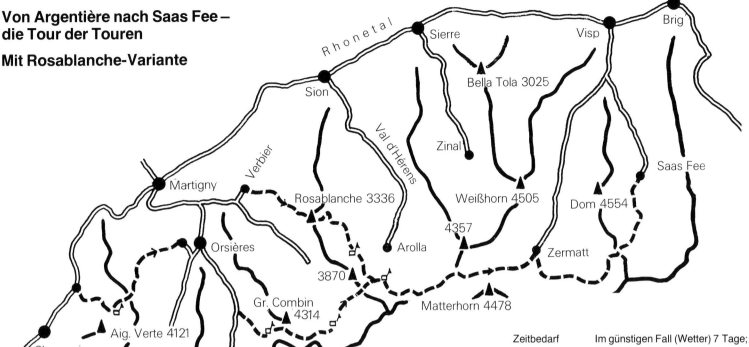

Die Haute Route zwischen Argentière in der Montblancgruppe und Saas Fee in den Walliser Alpen ist **die** Skitour schlechthin! Man wandert oder fährt über siebzehn Gletscher, überschreitet zwölf Scharten bis zu einer Höhe von 3789 m, kann zumindest einen Viertausender (Strahlhorn, 4190 m) im „Handstreich mitnehmen" und hat 10120 Hm Abfahrt über meist hindernisloses, teilweise sehr rassiges Gelände vor sich. Und keine andere Tour bietet ähnlich eindrucksvolle Nahblicke. Sitzt man zum Beispiel auf der Terrasse der Argentière-Hütte, dann hat man einige der ganz großen und schwierigen Wände vor sich, die Nordflanken von Droites, Courtes, Aiguille de Triolet… Und steigt man zum Col de Valpelline empor, so steht man plötzlich der eisüberwallten, 1300 m hohen Nordwand der Dent d'Hérens (4171 m) auf Atemnähe gegenüber, hinter der noch gewaltiger das Matterhorn (4477 m) in den Himmel ragt. Natürlich lockt diese Tour der Superlative viele, fast allzu viele Menschen an. Manche kommen offensichtlich nach dem Motto „einmal Haute Route und sterben", trifft man doch viele, die ganz sichtbar den Anforderungen nicht gewachsen sind. Die Tour verlangt viel Können und Kondition, Erfahrung im „Umgang mit Lawinen", beim Schwingen mit schwerem Rucksack, beim Gehen mit Steigeisen und vor allem bei der Orientierung. Auf den endlos weiten Gletscherflächen, denen oft ein Fluchtweg ins Tal fehlt, kann man sich im Nebel nur allzu leicht und hoffnungslos verirren! Deshalb bleibt die Haute Route eine Tour für den Könner. Das Bewundern der einmaligen Landschaft, das Schwelgen bei den Riesenabfahrten, die Freude über den Erfolg – das ist der eigentliche Sinn einer Begehung. Bei so manchem jedoch artet sie in eine Zitterpartie oder eine körperliche Quälerei aus, nur weil ihn der Ehrgeiz treibt, auch einmal die Tour der Touren angepackt zu haben.

—ds—

Zeitbedarf	Im günstigen Fall (Wetter) 7 Tage; bei der Nordvariante 6 Tage.
Abfahrtshöhe	Insgesamt 10 120 Hm.
Anreise	Von Martigny im Wallis entweder mit dem Pkw über Col de la Forclaz und Col des Montets nach Argentière bei Chamonix oder dorthin mit der Bahn über Finhaut.
Rückreise	Von Saas Fee mit dem Bus nach Visp und der Bahn zurück nach Martigny.
Stützpunkte	Man nächtigt in Hütten des Französischen und Schweizer Alpenclubs, die zur Skitourenzeit zumindest einfach bewirtschaftet sind; unangenehm kann die Überbelegung sein.
Anforderungen	Sehr anspruchsvolle und anstrengende Hochtour, das Gehen mit Pickel, Steigeisen und Seil muß beherrscht werden, gute Wetter- und Schneeverhältnisse gehören zu den Voraussetzungen. Eine besondere Gefahr ist das Verirren auf den weiten Gletscherflächen.
Tips/Hinweise	Die übliche Zeit für die Haute Route sind die Monate April und Mai. In nicht zu schneearmen Jahren kann man durchaus noch Anfang Juni unterwegs sein, man trifft dann auf leere (aber unbewirtschaftete) Hütten.
Führer/Karten	Skiführer Haute Route (Rother), Bildband Haute Route mit genauer Routenbeschreibung (Verlag J. Berg), Landeskarte der Schweiz 1:50 000, Blatt 282, 283, 284 mit Skirouteneindruck und Texten auf der Rückseite (teils auf französisch).

Die beiden typischen Landschaften während der Haute Route. Rechts: die steilaufgerichteten bizarren Granitberge der Montblancgruppe. Blick vom Col du Chardonnet zurück über das Argentière-Becken auf die Aiguille Verte (4122 m) und Les Droites. Links: im Wallis sind die Felsberge ebenfalls steil, zeigen aber doch weniger schroffe Formen (Evêque östlich der Vignettes-Hütte).

1. Tag: Argentière–Grands Montets–Argentière-Hütte

Zeit	Aufstieg	Abfahrt	höchster Punkt
2 Std.	170 Hm	630 Hm	3297 m

Charakter und Schwierigkeiten: Kurzer, noch einfacher Auftakt zur Haute Route, Abfahrt über einen Gletscher mit Spalten.
Die Route: Die Talstation der Seilbahn liegt 1 km südlich von Argentière (1244 m) am anderen Ufer der Arve. In zwei Sektionen auf die Aiguille des Grands Montets (3297 m) mit herrlicher Sicht auf die Aiguille Verte (4122 m), die Aiguilles du Dru usw. Steile Abfahrt über den Rognons-Gletscher zum Glacier d'Argentière und wieder aufwärts, erst flach, dann über eine Stufe zum Refuge d'Argentière (2771 m, CAF, 80 Schlafplätze) in einem besonders wilden und doch sonnigen Bergkessel.

2. Tag: Col du Chardonnet–Trientplateau–Champex

Zeit	Aufstieg	Abfahrt	höchster Punkt
7 Std.	910 Hm	2160 Hm	3323 m

Charakter und Schwierigkeiten: Erster Test für Kondition und Können, drei Schartenübergänge, bei hartem Schnee Eisausrüstung notwendig, evtl. auch ein Seil. Sehr abwechslungsreiche Etappe mit zackenumrahmten Gletscherbecken, einem Hochplateau und einer langen Abfahrt durch die Val d'Arpette. Gute Verhältnisse sind Voraussetzung!
Die Route: Von der Argentière-Hütte ein Stück talaus, dann rechts steil über das Südufer des Glacier du Chardonnet bis in 3000 m Höhe. Über die nun flacheren Böden in den Col du Chardonnet (3323 m, Grenze Frankreich-Schweiz). Ein meist hartgefrorener Steilhang führt auf den Glacier de Saleina hinab. Man quert den Gletscher nach Nordosten und steigt mit ge-

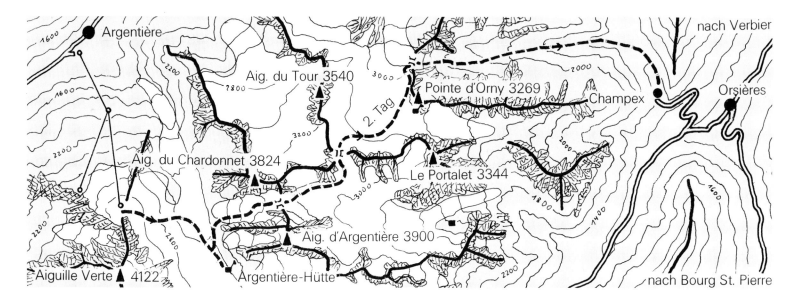

schulterten Skiern in das Fenêtre de Saleina (3261 m) hinauf. Über das erstaunlich weite und flache Plateau du Trient zum Fuß der Pointe d'Orny (rechts die Cabane du Trient, 3170 m; SAC). Am Felsfuß entlang über eine besonders steile Stufe des Trient-Gletschers hinab und Querung in den Col des Ecandies (2796 m). Über herrliche Hänge in das Arpette-Tal hinab, dann flach talaus und schließlich rechts auf einem Waldweg hinüber nach Champex. Von hier mit Bus oder Taxi zur Fortsetzung der Tour nach Bourg St. Pierre an der Straße zum Großen St. Bernhard oder in die bekannte Skistation Verbier.

Gipfel am Weg – Pointe d'Orny (3269 m): Der einzige Skigipfel der Region erfordert für Aufstieg und Abfahrt nur eine Zusatzstunde. Gute Bergsteiger können evtl. die Aiguille du Tour (3540 m) erstürmen (1 Std. Aufstieg, steiler Schnee und unschwierige Kletterei).

3. Tag: Bourg St. Pierre – Valsorey – Valsorey-Hütte

Zeit	Aufstieg	Abfahrt	höchster Punkt
5 Std.	1400 Hm	–	3030 m

Charakter und Schwierigkeiten: Langer, anspruchsvoller Hüttenanstieg, sowohl im Tal wie an dem 400 m hohen Schlußhang stark von Lawinen bedroht. Herrliche Lage der kleinen, oft überfüllten Hütte mit freiem Blick nach Süden auf den Mont Velan (3734 m) und nach Westen.

Die Route: Von Bourg St. Pierre anfangs nördlich des Baches, dann in der Sole der Valsorey bis in den letzten kleinen Boden. Auf der linken Seite über den großen Steilhang zur Cabane de Valsorey (3030 m, SAC, 60 Schlafplätze).

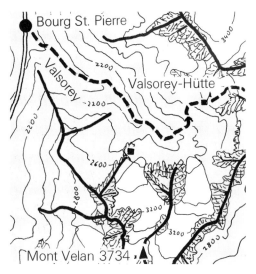

4. Tag: Plateau du Couloir – Col de Sonadon – Chanrion-Hütte

Zeit	Aufstieg	Abfahrt	höchster Punkt
5 Std.	1000 Hm	1570 Hm	3661 m

Charakter und Schwierigkeiten: Den Aufstieg zum Plateau du Couloir kann man als Schlüsselstelle der Haute Route bezeichnen. Der 400 m hohe Hang wird immer steiler, er ist am Morgen meist hart gefroren, zudem erschwert manchmal eine Wächte den Ausstieg auf das Plateau. Eisausrüstung unbedingt notwendig. Es folgt eine sehr schöne, lange Abfahrt.

Die Route: Von der Hütte steil empor bis unter den Col du Meitin. Allmählich nach rechts und über den äußerst steilen Hang (die Skier tragend) auf das Plateau du Couloir (3661 m). Kurze Abfahrt, dann Querung in den Col de Sonadon (3504 m). Über die

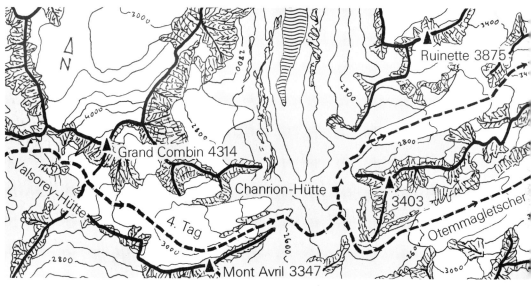

Am Fenêtre de Saleina. Typisch für den zweiten Tag der Haute Route sind die scharf eingeschnittenen, von klotzig glatten Granitfelsen umrahmten Scharten. Hinten sieht man die Gruppe der Darrey (3514 m).

weiten Gletscherhänge des Glacier du Mont Durand bis in 3000 m Höhe hinab. Nun nach rechts auf die Gletscherrampe unter dem Mont Avril und hinaus zum Punkt 2735. Steil hinab ins Tal und Gegenanstieg zu Cabane de Chanrion (2462 m, SAC, 55 Schlafplätze).

Gipfel am Weg – Grande Tête de By (3588 m): Abstecher vom Col de Sonadon über Firnfelder und einen kurzen Grat in 40 Min. auf den Gipfel.

5. Tag: Brenaygletscher–Pigne d'Arolla–Vignettes-Hütte

Zeit	Aufstieg	Abfahrt	höchster Punkt
6 Std.	1360 Hm	700 Hm	3796 m

Charakter und Schwierigkeiten: Üblicherweise wandert man in 4 Std. über den flachen, von scharfkantigen Bergen malerisch umrahmten Otemma-Gletscher von Hütte zu Hütte. Die nördliche Variante über den schönen Eisgipfel Pigne d'Arolla nützt den Tag besser. Eine hohe Steilstufe an der Serpentine ersteigt man zu Fuß, sonst sind die Schwierigkeiten nicht allzu groß, allerdings läuft die schöne Südostabfahrt mit einem recht steilen Schlußstück aus. Bei Nebel ist die Vignettes-Hütte schwer zu finden.

Die Route: Von der Hütte nach Norden auf

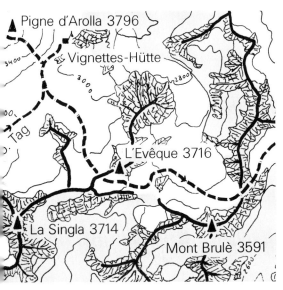

Am letzten Tag führt die Haute Route in der Monte-Rosa-Gruppe noch einmal durch eine besonders imposante Gletscher- und Eislandschaft.

den Glacier du Brenay. Den großen, sehr steilen Eisbruch überwindet man links nahe den Felsen. Dann wieder in nur mäßig geneigtem Gelände am Col du Brenay vorbei in den Gipfelsattel des Pigne d'Arolla (3796 m, Aussichtsberg der Extraklasse). Über steile, freie Gletscherhänge hinab und nach links zur Cabane des Vignettes (3158 m, SAC, 70 Plätze).

6. Tag: Vignettes-Hütte–Col de Valpelline–Zermatt

Zeit	Aufstieg	Abfahrt	höchster Punkt
8 Std.	1030 Hm	2580 Hm	3568 m

Charakter und Schwierigkeiten: Bei dieser langen Etappe über weite Gletscherflächen und drei hohe Pässe ist das Verirren die größte Gefahr. Viele eindrucksvolle Ausblicke (z.B. Matterhorn-Nordwand) und die fast 2000 Höhenmeter der Abfahrt machen den Tag zu einem großen Erlebnis.

Die Route: Über den Glacier du Mont Collon in den Col de l'Evêque (3392 m). Kurze, hindernislose Abfahrt bis an den Nordfuß der Vierge (auf der anderen Seite des Gletscherbeckens liegt die Bouquetins-Hütte, SAC) und wieder empor – das letzte Stück sehr steil zu Fuß – in den Col du Mont Brulé (3213 m). Mit nur wenig Höhenverlust unter den wilden Felsbergen der Bouquetins (3838 m) hindurch und hinauf in den Col de Valpelline (3568 m). Die folgende Abfahrt über den Stockjigletscher, eine Steilstufe, dann über den Tiefenmatten- und den Zmuttgletscher (ein großes Gletschersystem) wird stets von einem wirklich überwältigenden Blick auf die Nordwände der Dent d'Hérens und des Matterhorns (4477 m) begleitet. Südlich des Zmuttbaches talaus nach Zermatt (1616 m).

Gipfel am Weg – Tête de Valpelline (3802 m): Einer der höchsten Berge der Alpen, der sich mit Ski besteigen läßt (40 Min. Aufstieg vom Col de Valpelline über schöne Hänge, eindrucksvolles Panorama).

Skizze für den 6. Tag auf Seite 124

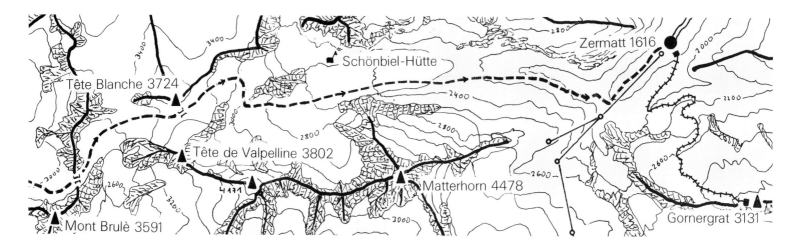

7. Tag: Stockhorn–Findelngletscher–Adlerpaß–Saas Fee

Zeit	Aufstieg	Abfahrt	höchster Punkt
6 Std.	870 Hm	2480 Hm	3789 m

Charakter und Schwierigkeiten: Der Ausklang zur Haute Route bekommt durch die Bahnen und Lifte einen anderen Grundcharakter als die Tourentage zuvor, die stets durch einsamste und völlig unberührte Hochregionen führten. Die einzige anspruchsvolle Passage ist der Aufstieg über die Eisflanke zum Adlerpaß. Riesenabfahrt nach Saas Fee.

Die Route: Mit den Bahnen von Zermatt über den Gornergrat bis zur Stockhorn-Westschulter (3405 m) und zu Fuß über den Gletscherrücken auf den Gipfel des Stockhorns (3532 m). 400 Hm Abfahrt über den Stockhornpaß auf den Findelngletscher. Kurzer, steiler Aufstieg zum Adlergletscher und in das hinterste Becken unter dem Adlerpaß. Zu Fuß von links nach rechts über die Steilstufe in die Einschartung (3789 m). Sich stets links haltend über die weiten Flächen des Allalingletschers, hinüber zur Britannia-Hütte (3030 m, SAC) und weitere Querung ins Egginerjoch. Auf der Piste hinab nach Saas Fee.

Gipfel am Weg – Strahlhorn (4190 m): Niemand sollte sich die einmalige Chance

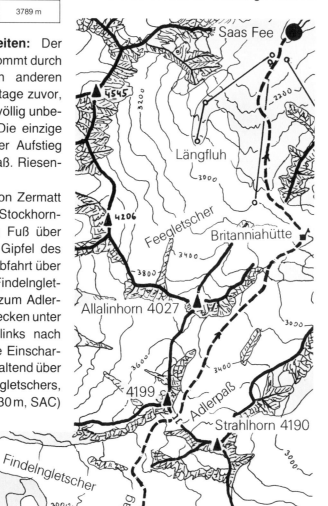

entgehen lassen, im „Handstreich" einen Viertausender zu erobern. Bei ungünstigem Schnee zu Fuß, sonst mit Ski in der Nordwestseite auf den eisbedeckten Gipfel (1½ Std.).

Rosablanche-Variante

2. Tag: Montforthütte

Von Champex bringt uns der Bus nach Orsières; wir steigen am Bahnhof aus und nehmen den Zug nach Sembrancher und weiter nach Le Châble (820 m, 11 km Bahnfahrt). Das ist die Talstation für den Liftzirkus von Verbier. Eine Gondelbahn bringt uns in den Ort hinauf (1400 m). Wir erkundigen uns, mit welcher Bahn wir in Richtung Montforthütte gelangen, steigen an der Mittelstation aus und erreichen (leicht abfahrend) per Piste die Montforthütte (2457 m, SAC, 100 Plätze). Wenn man dem Wirt sagt, daß man andertags über die Rosablanche zur Dixhütte will, weckt er morgens um 3 Uhr.

3. Tag: Rosablanche–Cabane des Dix

Zeit	Aufstieg	Abfahrt	höchster Punkt
9 Std.	1550 Hm	1100 Hm	3336 m

Charakter und Schwierigkeiten: Eine lange, aber interessante Etappe der Haute Route, bei der das Massiv des Gran Combin weit nördlich umgangen wird; man meidet dadurch die oft sehr volle Valsoreyhütte und den gefährlichen Aufstieg zum Plateau du Couloir. Evtl. Lawinengefahr an den Osthängen oberhalb des Dix-Stausees,

Der Blick auf die eisverzierten Nordwände der Walliser Viertausender gehört zum Faszinierenden der Haute Route. Das Bild zeigt die Nordabstürze des Breithornmassivs.

deshalb (und wegen der Länge der Etappe) ist sehr früher Aufbruch nötig, bevor die Sonne die genannten Osthänge gefährlich aufweicht.

Die Route: Von der Montforthütte nach Osten über den flachen Glacier de la Chaux auf den gleichnamigen Col (2940 m, 1 Std.). 160 Hm nach Osten abfahren, dann flach auf den Col de Momin (3003 m, 1 Std.) und über den Grand-Desert-Gletscher auf die Rosablanche (3336 m). Die Skier werden auf den letzten 50 Hm von Norden auf den Gipfel getragen; die Abfahrt führt direkt vom Gipfel nach Süden, biegt aber nach 150 Hm nach Osten auf den Glacier de Mourti ab und führt über dessen ideale Hänge bis auf 2600 m Höhe hinab. Nun quert man leicht abfahrend an den westlichen Begrenzungshängen des Dix-Stausees bis an das südliche Ende des Sees. Hier folgt der zweistündige Aufstieg zur Dixhütte. Zunächst steil in Kehren, dann über den Glacier de Cheilon und in weit ausholendem Rechtsbogen zur Cabane des Dix (2928 m, SAC, 80 Plätze). Hervorragende Lage am Fuß der Nordwand des Montblanc de Cheilon, selten überfüllt.

4. Tag: Col du Brenay–Pigne d'Arolla–Vignetteshütte

Zeit	Aufstieg	Abfahrt	höchster Punkt
4 Std.	900 Hm	700 Hm	3796 m

Charakter und Schwierigkeiten: Eindrucksvolle, hochalpine Bergfahrt in großer Eislandschaft, Gletscherspalten, sehr beliebte Abfahrt vom Pigne d'Arolla zur Vignetteshütte, im unteren Teil sehr steil.

Die Route: Über den flachen Boden des Glacier de Cheilon an den Fuß der steileren Hänge und ganz links über die hohe Gletscherstufe (Spalten) auf die Böden am Fuß von La Serpentine. Wieder links über die nächste Stufe und hinüber zum nahen Col du Brenay (3639 m). Über einen letzten Hang in den Gipfelsattel (3750 m) des Pigne d'Arolla. Abstecher von wenigen Minuten auf die höchste Schneekuppe (3796 m). Über die schönen Gletscherhänge anfangs mehr nach Osten hinab, in 3400 m Höhe dann nach Süden einschwenkend und über eine schließlich recht steile Stufe auf die Flächen oberhalb des Col de Chermotane. Querung nach links zur Vignetteshütte.

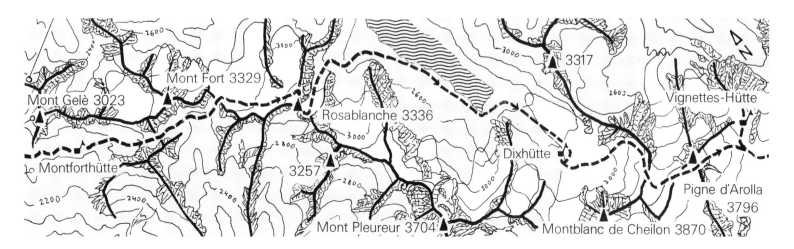

Zu den ganz großartigen, aber auch sehr anspruchsvollen Tourengebieten gehört die Dauphiné, auf die an dieser Stelle wenigstens mit einem Foto (Blick auf Glacier Blanc und Barre des Ecrins, 4102 m, rechts der Dôme de Neige, 4015 m, das höchste Skiziel) aufmerksam gemacht werden soll.

Stichwortverzeichnis

Adlerpaß 124
Adlersruhe 86
Albignahütte 35
Aletschfirn 114
Amberger Hütte 65
Angelus, Hoher 50
Ankogel 96
Antönien, Sankt 31
Argentière-Hütte 118
Arolla, Pigne d' 122, 125
Arosa 108
Arrezjoch 27
Arthur-von-Schmid-Haus 96
Aschau 82
Auronzohütte 103

Balderschwang 12
Bamberger Hütte 77
Bassagne, Roc de 110
Bella Vista 38
Benevolo, Rifugio 110
Boe, Piz 102
Boval, Crasta da 40
Brancahütte 50
Brand 31
Brechhorn 82
Brentenjoch 17
Brochkogeljoch 56
Brunnenkogel, Hinterer 58
Buin, Piz 30
Buralpkopf 13
By, Tête de 121

Casatihütte 50
Casnilepaß 35
Castello, Cima di 35
Cevedale, Monte 50
Chanrion-Hütte 121
Chardonnet, Col du 118
Cortina 103
Couloir, Plateau du 120
Cristallo, Passo del 103

Daumen, Großer 14
Daunkogel, Östlicher 65
Daunkogel, Westlicher 65
Daunscharte 65
Dauphiné 126
Davos 108
Defreggerhaus 90
Diavolezza 38
Dixhütte 125
Dreiländerspitze 28
Drei-Zinnen-Hütte 103
Drusentor 31
Düsseldorfer Hütte 49

Ebnefluh 114
Entrelor, Cima di 110
Es-cha-Hütte 44
Essen-Rostocker-Hütte 90
Evêque, Col de l' 122

Falcade 102
Fedajapaß 102
Feldalpenhorn 84
Fiescherhorn, Hinteres 114
Fineilspitze 54
Finsteraarhorn 116
Finsteraarhornhütte 116
Finstertalerscharte 60

Fluchtkogel 56
Forcarossa 102
Fornohütte 35
Franz-Senn-Hütte 66
Funtenseetauern 24

Gaishorn 16
Grän 16
Geier 72
Geiger, Großer 90
Gerlos 79
Gerstingerjoch 77
Gesselkopf, Vorderer 96
Glocknerhaus 86
Gmairerkopf 27
Grafensspitze 70
Grän 16
Gran Paradiso 110
Grialetsch, Piz 45
Grialetschhütte 45
Grieskogel, Breiter 61
Großglockner 96
Großvenediger 90
Grüner 20
Grünhornlücke 114
Gündleskopf 13
Gunzesried 13
Guslarspitzen 54

Hagner Hütte 95
Halslspitze 70
Heidelberger Hütte 28
Heidenkopf 12
Henlabjoch 81
Hinterglemm 76, 81
Hinterstein 14
Hobarjoch 72
Hochalmspitze 96
Hochgrat 12
Hochjochhospiz 54
Hochwildehaus 54
Hollandiahütte 114
Hundstodscharte 25

Idalpe 27

Jamtalhütte 28
Jenatschhütte 42
Jochberg 81
Johannisberg 86

Kärlingerhaus 24
Kastenwendenkopf 77
Kemptner Hütte 21
Kesch, Piz 44
Keschhütte 44
Kleinseehorn 30
Kloben 86
Klosters 30
Komperdell 27
Konkordiahütte 114
Kraspesspitze 61
Krone, Breite 28
Kronenjoch 28
Krottenkopf, Großer 21
Kuhkaser 77
Kühtai 60
Kürsingerhütte 90

Laax 108
Lämmerbichl 70

Laviner, Piz 44
Licht, Hohes 21
Lindauer Hütte 31
Lizumerhütte 72
Loferer Seilergraben 25
Lodron 82

Malbun 33
Mallnitz 96
Manlitzkogel 76
Marinellihütte 38
Marmolata 102
Martin-Busch-Hütte 54
Märzengrund 79
Maurertörl 90
Mesdi, Val de 102
Misurina 103
Mölsertal 72
Montforthütte 124
Mulaz, Passo del 101

Nair, Piz 42
Nenzinger Himmel 33

Oberalpstock 109
Oberwalderhütte 86
Ochsenkopf 77
Ochsenscharte 28
Orny, Pointe d' 120
Osnabrücker Hütte 96

Palon della Mare 50
Paternsattel 103
Pazolastock 109
Pfandlscharte 86, 87
Pinzgauer Spaziergang 76
Potsdamer Hütte 62
Pralongia 102
Probsthaus 13

Rainerhorn 90
Rangiswangerhorn 13
Rappenseehütte 20
Rastkogel 70
Rastkogelhütte 70
Rätschen 31
Reibe, Große 22
Rheinwaldhorn 105
Riedbergerhorn 12
Rifflerkogel 79
Rindalphorn 13
Rosablanche 125
Roßgruberkogel 77
Rosimjoch 49
Roßkopf 70
Roter Kogel 62
Rutor 110

Saalbachkogel 76
Saarbrücker Hütte 30
Saas Fee 124
Salzachjoch 77
Sarsura, Piz 45
Schafberg 31
Schaflegerkogel 62
Schalfkogel 54
Schatzberg 84
Schesaplanahütte 33
Schneibstein 24
Schneibsteinhaus 24
Schochen 13

Schöntaljoch 77
Schrankogel 66
Schwarzenberghütte 14
Schweinfurter Hütte 61
Seebenspitze 17
Seehorn 25
Sella, Fuorcla da la 40
Sertz, Gran 110
Sexten 103
Silvrettapaß 30
Sonnenjoch 79
Sonnspitze 81
Sonnwendkogel 77
Spielmann 87
Speikspitze 79
Stahlhaus 24
Staufnerhaus 12
Steinberg, Gh 77, 82
Steineberg 13
Steinernes Meer 24
Steinschartenkopf 21
Stockhorn 124
Stoffenwand 76, 81
Strahlhorn 124
Stummerberg 79
Suldenspitze 50
Sulzspitze 16
Surgonda, Piz 42

Tadega, Passo 103
Tannheim 16
Tessin 105
Teufelskampkees 86
Torspitze 72
Tour, Aiguille du 120
Traversière 110
Trida, Alp 27
Tschierva, Piz 40
Tschiervahütte 40

Vallorgia, Fuorcla 44
Valpelline Tête de 122
Valsoreyhütte 120
Varella, La 103
Vernagthütte 54
Vignettes-Hütte 122, 125
Vittorio Emmanuele, Rifugio 110
Vorab 108
Vorderlanersbach 70

Weidener Hütte 70
Weißfluh 108
Weißkogel, Winnebacher 61
Westfalenhaus 61
Wiedersbergerhorn 84
Wiesbadener Hütte 28
Wilder Freiger 66
Wildgratscharte 65
Wildschönau 79, 84
Wildspitze 56
Windautal 77
Winnebachseehütte 61

Zapporthütte 105
Zaun, Hoher 90
Zaytalhütte 49
Zermatt 124
Zirmkogel 76
Zuckerhütl 66
Zufallhütte 50
Zwieselbachjoch 61

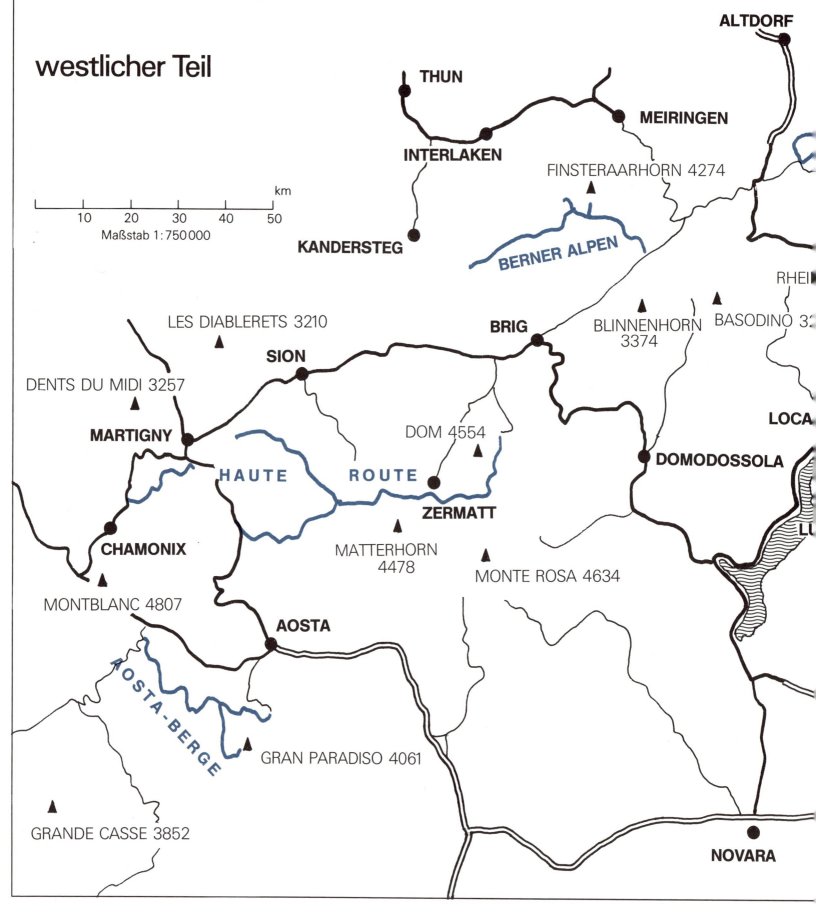